JN076258

佐々木毅尚＝久保光太郎［編著］

電子契約導入ガイドブック

海外契約編

商事法務

はじめに

　本書は、電子契約システムを海外取引へ導入するにあたり、企業法務関係者が導入へ向けた第一歩を踏み出すことを支援するため、各国法令などの基礎的な情報と実践的なリスク分析の観点を網羅的に提供することを目的としている。

　これまでのところ、国内取引においては電子契約システムを導入する企業が増加傾向にあり、実際に取引で活用されるケースも増加しているが、海外取引における電子契約システムの導入は、あくまでもごく一部の企業にとどまっているように思われる。しかし昨今、取引先企業から電子契約の利用を求められるケースも増えており、スタートアップ企業では紙での契約締結をそもそも望まない企業も現れている。そのような環境の中で、2020年、新型コロナウイルス感染症の拡大と企業における従業員の在宅勤務化を受け、契約業務のあり方が見直され、国内外における電子契約システムの導入を検討する企業が急激に増加している。

　実際に海外取引で電子契約システムを導入する際には、事前に十分なリサーチを行い、ベンダーがどのようなタイプの電子署名を提供しており、それが、その国・地域の法令に照らして法的にどう位置付けられ、締結された契約の証拠力はどう評価されるかなどを把握し、各社での運用にあたってのリスクを評価する必要がある。日本法（電子署名法）においては、最近になりQ&Aの形で政府見解が出されるなど、様々なタイプの電子署名の法的評価がある程度明らかになりつつある（これらの動向は本書の姉妹書である『電子契約導入ガイドブック［国内契約編］』でも解説されているのでご参照いただきたい）。しかし、日本と同じ感覚をもって海外取引への導入を行うことには大きなリスクを伴う。国・地域ごと

に、大陸法、英米法といった法体系の違いだけでなく、そもそもの文化として印鑑を用いるかどうか、ITを巡る政策やITインフラの整備状況、ITリテラシーの違いなどもあり、先ほど述べたようにその国や地域の法令や現実的な状況を調べる必要がある。しかし、そのようなリサーチは労力的にもコスト的にも大変な作業となり、一企業の担当者だけで実施することは困難を伴い、さらに法的な視点だけではなく、ビジネス的な総合判断を求められるケースも多い。また、参考となる情報が得られる書籍は現時点では見当たらない。そこで、本書が企画された次第である。

　まず、本書の前半（Chapter 1〜4）では、導入にあたっての課題の全体像を示した上で、米欧中に加え、日系企業が多く進出するアジア諸国やブラジルの電子署名を巡る法令や紛争リスクについて、現地事務所の協力を得て行った調査に基づいて解説する。また、Chapter 5では電子契約システムを取り巻く現状についてベンダーの視点から紹介いただき、読者の方がイメージを掴みやすいように試みた。その上で、Chapter 6では、各社が電子契約システムの導入を検討するにあたって、最も重要なリスク分析に関する法務部長と弁護士との討議内容を対話形式で紹介する。そして、最終章であるChapter 7では、海外取引で電子契約システムをすでに運用する企業の法務部長と弁護士、ベンダーの担当者が集まり、各自が感じる国や地域ごとの状況や課題、企業におけるリスク判断の状況について具体的な議論を行っている。

　このような本書が成るにあたっては、AsiaWise法律事務所の松村正悟弁護士、横山雄平弁護士、古賀遼弁護士、江广嘉（Justin）、許彦彬の各氏から献身的なサポートをいただいた。彼らの頑張り無しには、このタイミングでスピード感を持って本書を世に送り出すことは叶わなかった。ここに特に名前を挙げて、

感謝の意を評したい。

　ご承知のとおり、電子契約システムの海外展開は、そもそも信頼できる情報が少なく、法令以外の様々な観点を考慮したリスク分析が求められる難易度の高い作業であり、法務部長の視点から見ると、しばらく止めておこうと考えることが自然である。本書が勇気を持って電子契約システムを海外へ展開する企業の意思決定や導入実務のサポート役となり、未知の領域に第一歩を踏み出すきっかけとなれば幸いである。

　2020 年 9 月

編著者　佐々木　毅尚・久保　光太郎

目　次

Chapter 3 米国における法律と実務 125

Chapter 4　EU 法における電子契約　　135

Chapter 7
〈座談会〉日系企業は海外契約で電子契約を導入できるか？ 207

x

目

次

〈初出〉

Chapter 7　　　NBL1178 号（2020 年）14 頁

執筆者等一覧

●編著者

佐々木　毅尚（ささき　たけひさ）
太陽誘電株式会社法務部長

明治大学法学部卒。その後、明治安田生命保険相互会社、アジア航測株式会社、YKK株式会社で法務部門を中心としたキャリアを積み現職へ至る。潜水士資格を保有し、地上から水中へ活動領域を広げている。最近の執筆として、経営法友会企業法務入門テキスト編集委員会編著『企業法務入門テキスト』（商事法務、2016年）、経営法友会編『新型コロナ危機下の企業法務部門』（商事法務、2020年）。

〈担当〉Chapter 1（全体像をつかむ）、Chapter 6（各国リスクの分析と判断）、Chapter 7（座談会）

久保　光太郎（くぼ　こうたろう）
AsiaWise法律事務所代表弁護士

1999年慶應義塾大学法学部法律学科卒、2001年弁護士登録。2008年コロンビア大学LLM卒業。米国、インドの現地法律事務所等への出向、西村あさひ法律事務所シンガポール事務所共同代表等を経て、2018年、アジアのクロスボーダー案件に特化するAsiaWise Groupを創業。

〈担当〉Chapter 2（各国の法制度）、Chapter 6（各国リスクの分析と判断）、Chapter 7（座談会）

●著者、座談会参加者（章順）

古賀　遼（こが　はるか）
AsiaWise法律事務所弁護士

2014年大阪大学法学部法学科卒、2016年大阪大学大学院高等司法研究科修了。2018年弁護士登録後、国内企業法務部にて企業内弁護士として国内外の投資案件や訴訟に従事。2020年AsiaWise法律事務所勤務。AsiaWise法律事務所では、アジア各国の契約、紛争等の法律案件に従事。

〈担当〉Chapter 2（各国の法制度）

松村　正悟（まつむら　しょうご）
AsiaWise 法律事務所弁護士

2014 年早稲田大学法学部卒、2016 年早稲田大学大学院法務研究科修了。2017 年弁護士登録後、2018 年より都内法律事務所にて企業法務及び一般民事事件等を扱う。2019 年より AsiaWise 法律事務所に参画し、日系企業とアジア（中国、東南アジア、インド）各国企業との間の契約案件や、日系企業によるスタートアップ投資・M&A 案件等に従事。

〈担当〉Chapter 2（各国の法制度）、Chapter 6（各国リスクの分析と判断）

横山　雄平（よこやま　ゆうへい）
AsiaWise 法律事務所弁護士

2012 年慶應義塾大学法学部法律学科卒、2015 年慶應義塾大学法科大学院修了。2017 年弁護士登録。都内法律事務所勤務、インド現地コンサルティング・ファーム勤務を経て、2019 年より AsiaWise 法律事務所に参画。インドを中心とするクロスボーダー案件（現地進出、コンプライアンス、その他コンサルティング業務等）に従事。

〈担当〉Chapter 2（各国の法制度）

木下　万暁（きのした　まんぎょう）
サウスゲイト法律事務所・外国法共同事業 弁護士・カリフォルニア州弁護士

慶應義塾大学法学部政治学科卒。外国法共同事業オルベニー・アンド・マイヤーズ法律事務所及びホワイト＆ケース法律事務所を経てサウスゲイト法律事務所・外国法共同事業を設立。これまで 80 を超える国での取引案件に携わってきている。

〈担当〉Chapter 3（米国における法律と実務）、Chapter 7（座談会）

米山　岳（よねやま　がく）
サウスゲイト法律事務所・外国法共同事業 弁護士・ニューヨーク州弁護士

東京大学法学部、コロンビア大学ロースクール卒。森・濱田松本法律事務所、ボストンコンサルティンググループ、DBJ 投資アドバイザリーを経て現職。M&A・スタートアップ案件を中心に幅広くクロスボーダー取引に従事している。

〈担当〉Chapter 3（米国における法律と実務）

ミンディ・アレン（Mindy Allen）
サウスゲイト法律事務所・外国法共同事業 ニューヨーク州弁護士・外国法事務弁護士

コロンビア大学、スタンフォード大学ロースクール卒。Milbank, Tweed, Hadley & McCloy LLP 及び Ropes & Gray LLP、双日株式会社法務部を経て現職。M&A を中心に幅広く国際間取引に携わっている。

〈担当〉Chapter 3（米国における法律と実務）

山口　茂雄（やまぐち　しげお）
アーキス法律事務所（デュッセルドルフ）設立パートナー、ドイツ弁護士・法学博士

ミュンヘン大学法学部卒。ハーマン・ヘンメルラート & パートナー法律事務所を経て 2006 年より現職。ジャパンデスク統括。2000 年よりドイツ弁護士として日系企業のドイツにおける企業活動をサポートしており、デュッセルドルフ日本商工会議所の法務委員会の専門委員も務める。専門分野は M&A 及び会社法。

〈担当〉Chapter 4（EU 法における電子契約）

マルクス・ノートヘルファー（Marcus Nothhelfer）
アーキス法律事務所（ミュンヘン）パートナー、ドイツ弁護士

ミュンヘン大学法学部卒。Kirch グループ企業法務弁護士、Ashurst 法律事務所を経て、Watson Farley & Williams 法律事務所バンコクの東南アジア・ドイツデスクを率いる。2015 年より現職。知的財産（IP）チーム統括。専門分野は知的財産法（とりわけ商標、著作権）、競争法、IT 法及び商法。

〈担当〉Chapter 4（EU 法における電子契約）

土肥　渉（どい　わたる）
ドキュサイン・ジャパン株式会社マーケティング・ディレクター

青山学院大学理工学部卒業後、野村総合研究所でエンジニアとして勤務。その後 i2 テクノロジーズやオートデスクなどの欧米テクノロジー企業で約 20 年間、マーケティングの要職を務めている。2013 年以降はシリコンバレー/サンフランシスコのクラウド企業の日本でのビジネスの立ち上げに参加。2016 年から現職。ジャーナリズムの学位も持ち、フリーランス

のジャーナリストとしての活動経験も有。

〈担当〉Chapter 5（海外契約を巡る電子契約システムの現状）

孫　海萍（Sun Haiping）
方達法律事務所 パートナー、中国弁護士

北京大学法学部、東京大学大学院卒。方達法律事務所日本業務チームの担当パートナー。2003年に弁護士資格を取得してから、日本の大手法律事務所の中国業務チームや欧米系の法律事務所の日本業務チームにおいて経験を積み、2016年にパートナーとして方達法律事務所に入所。日中間のM&A、会社再編、解散清算、コンプライアンス等の分野において、豊富な経験を有する。

〈担当〉Chapter 7（座談会）

佐野　龍也（さの　たつや）
ドキュサイン・ジャパン株式会社ソリューション・エンジニアリング・ディレクター

日本電信電話株式会社で勤続後、日本アバイア、日本マイクロソフト、A10ネットワークスなどの外資系企業でコールセンター、ユニファイドコミュニケーション、ロードバランサ製品に関わるビジネス開発やプリセールスの職種を経験。2016年1月より現職でドキュサイン製品の販売活動の技術サポートに従事しつつ、日本のソリューション・エンジニアリングチームのマネジメントを担う。

〈担当〉Chapter 7（座談会）

髙林　佐知子（たかばやし　さちこ）
横河電機株式会社法務部長

上智大学法学部卒業後、横河電機株式会社に入社。同社で国際法務を中心に企業法務のキャリアを積み、2018年4月から現職。横河電機管弦楽団「アンサンブル横河」コンサートマスター。経営法友会企業法務入門テキスト編集委員会編著『企業法務入門テキスト』（商事法務、2016年）執筆。

〈担当〉Chapter 7（座談会）

Chapter 1

全体像をつかむ

［執筆］佐々木毅尚

1 リーガルテックとしての電子契約

(1) 日本のリーガルテック

　企業の法務業務を支援するシステムやソフトウェアについて、昨今では、リーガルテックという言葉が日常的に使われている。どの範囲をリーガルテックと呼んでよいのか、明確な定義はないが、多種多様なシステムやソフトウェアが様々なベンダーから提供されている。

　過去の歴史を振り返ってみると、筆者が知る限り、1980年代にワードプロセッサーが企業に導入され、訓練されたタイピストを使ってタイプライターで行われていた文書作成業務が、各担当者レベルでワードプロセッサーを使ってできる業務となった。これは、法務業務にも大きな影響を与え、法務担当者がワードプロセッサーで契約書を作成することが一般的になっていった。その後、1990年代の半ばから、ワードプロセッサーに代わりパソコンが企業に導入され、契約書を含む文書作成は、MSワード、一太郎等の文書作成ソフトウェアを使うことが常識となっていった。

　ソフトウェアを使って文書を作成する時代になると、社内で流通する文書の量が一気に増加し、大量の文書が社内に溢れかえる状態となり、このような文書をどのように管理していくかが大きな課題となっていった。そこで、このような課題を解決するため、社内の文書を整理・管理できるソフトウェアが誕生した。また、社内の申請・承認業務フローを捺印された申請書による手作業からシステムに移行し、業務の効率化を図るという新しい動きが生まれ、社内で申請・承認を伴う業務の中に、いわゆるワークフローシステムを導入していった。

　この流れの中で、法務業務については、契約書をシステムで管理するという発想が生まれ、この発想に基づき契約審査業務の依

頼から回答までをシステム化するという動きが生まれ、現在までに様々なベンダーが契約審査業務に関連するシステムサービスを提供している。法務関係者としての視点でこの30年間を振り返ると、最も大きな影響を受けたのは、まさに契約審査業務であった。従来、紙に赤ペンで修正を行っていた契約書ドラフト修正作業は、文書作成ソフトウェアの修正履歴機能を使って行うことが一般的な作業となり、一日中、パソコン画面と睨みあうことが法務担当者の日常的な姿になっていった。

　パソコン導入というある意味革命的な出来事によって、法務業務を含む会社の業務内容は大きく変わり、業務が大幅に効率化された一方で、社員に対して業務の負荷が過剰にかかり、メンタルヘルスの問題が発生する等の弊害も出ている。ある意味、人間味とテクノロジーとのバランスを考えなければならない時代に突入していると感じている。

(2)　現在の状況

　日本では、2018年頃からAIを使ったリーガルテックが注目され、特にAI契約審査システムが注目されている。現在、多くの会社で導入が検討されており、実際には数百社レベルでAI契約審査システムが導入されていると考えられる。

　この流れに乗って、契約審査に関連する業務を支援する各種サービスが様々なベンダーから提供されている。まさに今、AI契約審査システムに触発される形で、サービスを提供するベンダーが増加しており、特にスタートアップ企業が多数を占め、リーガルテック元年といっても良い状態となっている。

　契約審査以外のリーガルテックの一例を紹介すると、ベンダーの提供するクラウド上に設置されたフォルダに文書データをアッ

プロードすると、そのデータの履歴管理を自動的に行うサービスがあり、チームや複数の当事者間で特定の文書を修正する業務で重宝している。また、AI を使った翻訳サービスは、現時点でもそこそこの翻訳精度があり、簡易翻訳として十分に活用できるレベルにある。さらに、国内外の法令・判例情報を提供するサービス、法律系の書籍情報を提供するサービス等、本に頼らずに Web を介して書籍情報を収集できるサービスが次々に誕生しており、これらのサービスは、情報収集にとどまらず検索が容易にできることから、検索業務の効率化に大きく貢献している。

　様々なリーガルテックの中で、2020 年において最も注目されているものは、電子契約システムである。新型コロナウイルス感染対策の影響で社員の出社が必然的に制限され、管理部門の業務が在宅勤務を前提に見直されている中で、捺印業務は、出社が必要な業務として残さざるを得ず、捺印管理を行う管理職は、在宅勤務を実施できないという事態が発生している。これらの環境を改善するため、電子契約システムの導入を検討する企業が増加しており、新型コロナウイルス感染防止対策の一環としての追い風を受けて、日系企業の中で一気に導入が進む可能性がある。

2　文書の電子化へ向けた取組み

　前述のとおり、文書の作成機器がタイプライターからワードプロセッサー、さらにパソコンのソフトウェアに移り変わり、文書媒体自体も紙媒体からデータ媒体に切り替わっていった。ただし、長期間にわたり、同一文書について、原本としての紙媒体と複製としてのデータ媒体が存在するという状態が続いていた。同一文書について、紙媒体とデータ媒体が存在するこ

とは、極めて非効率的であり、場所を取らず保管コストが低いデータ媒体を原本とするために、様々な検討が行われてきた。

　この検討の過程で、1998年7月に電子帳簿保存法が施行され、2005年の改正で国税関係の紙媒体書類をスキャンすることにより電子データで保存することが可能となった。実際のところ、企業の中の文書で最も多い文書は、見積書、請求書、領収書等の紙媒体の証票で、一定期間の保管が必要であることから、企業にとって保管スペースの確保が大きなコスト負担となっていた。電子帳簿保存法の施行により、電子データとしてサーバーで保管可能となったことにより、企業は大幅に保管コストを削減することが可能となった。

　さらに、2005年4月に、いわゆるe-文書法が施行され、財務・税務に関連する帳票に加えて、会社法、労働基準法、労働安全衛生法、各種業法等、250を超える法律に基づいて作成される文書の電子保存が可能となった。

　業務の効率化を目的としたテクノロジーの進歩により、文書が紙媒体からデータ媒体へ変化しており、さらなるテクノロジー進化により、電子データの安全性が担保され、紙媒体ではなくデータ媒体ですべてが完結する時代となっている。

　契約書に関連する電子化では、2001年4月にいわゆる電子署名法（電子署名及び認証業務に関する法律）が施行され、捺印に代わる手段として電子署名が法律で規定された。この法律の施行で、捺印に代わって電子署名を用いた契約書の締結が可能となったが、企業の動きは慎重で重く、活用の動きは一気に広がらなかった。私自身、当時の印象では、電子署名について全く知見がなく、相談できる専門家も周囲にいないため、何か複雑でよく分からない技術を使ったものという認識を持っていたと記憶している。

また、当時は、サービスを提供できるベンダーも少なく、何よりも先例がない状態で、電子署名という新しいテクノロジーを契約という重要な法律行為に導入することへの抵抗感を持っていた。さらに、契約書締結業務については、業務の効率化やコストダウンを図るという視点よりも、業務の安全性確保という視点と法的な安定性確保という視点を重視し、保守的な運用を心掛けていた。当時を振り返ると、電子署名については、多くの企業の法務部長が私と同じ感覚を持っていたのではないかと思われる。

　このような環境にもかかわらず、建設業界は、業界としていち早く電子署名の導入に取り組み、建設業法の改正に伴って、建設工事請負契約を中心とした契約の電子化を進めていった。建設業界は、施主、元請け、下請け等の取引関係が複雑で、契約について書面が要求されるケースが多いため電子化のニーズが高く、現在の日本の中で最も契約の電子化が進んでいる業界の1つとなっている。

3　電子契約システムの導入

(1)　3つの壁

　電子契約を含むリーガルテックを企業に導入するにあたり、超えるべき壁が3つあると考えている。まず1つ目は「コストの壁」であり、いかにして法務部門がリーガルテック導入へ向けた予算を確保するかが課題で、最も大きな課題と言ってよい。2つ目は「セキュリティの壁」で、リーガルテックは、社外のクラウドサービスを使うことが多く、多くの企業の情報システム部門は、セキュリティの関係で社外のクラウドサービスを好まない。3つ目は「導入効果の壁」で、リーガルテックを導入してどのような効果があっ

たかを説明することは意外に難しい。このような壁を1つひとつ乗り越えて、ようやくリーガルテックの導入というステージに入る。

⑵　コストの壁

　企業がリーガルテックを導入すると、必然的にコストが発生する。コストには、導入時に発生するイニシャルコスト、運用の中で発生するランニングコストがあり、ベンダーごとに様々なプランが準備されており、仕組みが複雑で、一見すると、どのベンダーが安いのか高いのかよく分からないという状況がしばしば発生する。

　最もコストが高いのは、AI契約審査システムと契約審査依頼フローを管理するシステムで、いずれも利用者数で課金されるケースが多い。特に契約審査依頼フローを管理するシステムは、導入時に各社のフローに合わせてカスタマイズする必要があり、導入コストも相当程度発生する。

　一方で電子契約システムは、最も導入コストが安く、契約書1件当たり100円から数百円程度で導入が可能となっている。したがって、電子契約を導入するにあたり、コストの壁は、非常に低いと考えられる。

　ただし、企業特有の問題として、社内の費用配賦についてどうするかを事前に検討する必要がある。大きく分けると、電子契約システムの運用費用を担当部門が一括で負担するケースと、利用した部門が利用分の費用を負担するケースがあり、導入前に各部門と調整を行う必要がある。

⑶　セキュリティの壁

　コストの壁をクリアーすると同時に、セキュリティの壁をいか

に乗り越えるか戦略を検討する必要がある。多くの企業の情報システム部門は、社外クラウドサービスの利用に制限を加えており、クラウドサービスを導入するにあたっては、独自の審査基準を設定している企業も多い。

　電子契約システムは、ほぼ100％クラウドサービスを活用するため、情報システム部門が設定した審査基準をクリアーできるかどうか、ベンダーと協力しながら検討を行う必要がある。

　一般的に電子契約ベンダーは、リーガルテックベンダーの中で比較的セキュリティレベルが高く、ISO/IEC27001等の国際規格認証を取得している会社も多い。したがって、電子契約を導入するにあたり、セキュリティの壁は低いと考えられる。

(4)　導入効果の壁

　リーガルテックの導入時又は利用契約の更新時に予算を確保するためには、導入効果を検証して、決裁者の理解を得る必要がある。この検証には数字を使うことが有効で、どのような数字を使うかが課題となる。特に、リーガルテックの活用による業務品質の向上については、残念ながら定性的な観点での説明にとどまらざるを得ないが、生産性改善等のコスト削減は、具体的な数値を示して定量的な観点で説明することができる。例えば、契約審査を支援するシステムを導入した効果で、契約審査の納期がどの程度短縮されたか、法務担当者の処理可能件数がどの程度増えたか等のデータを示すと説得力が増す。逆にこのようなデータを示すことができないと、内部統制の観点からミスを防止するためにシステムが必要だった等の苦しい説明しかできず、継続的なシステムの利用に黄信号が灯る。

　電子契約システムを導入すると、事務処理コストだけではなく、

印紙代、切手代といった目に見えるコストが自動的に削減される。したがって、電子契約を導入するにあたって、導入効果の壁は非常に低いと考えられる。

(5) 導入へ向けて

これまで見たとおり、電子契約システムは、コストの壁、セキュリティの壁、導入効果の壁のいずれもが低く、各種リーガルテックの中で最も導入が容易なシステムであるといえる。ただし、電子契約システムを安易に導入すると利用されないリスクも高くなることから、導入にあたっては、しっかりと導入後の戦略を検討する必要がある。

(6) コスト削減効果

契約書締結までのフローを改めて眺めてみると、1件の契約書を締結するため、いかに企業が多くのコストを負担しているかが分かる。

まず、契約書は、相手方とドラフトについて協議し、契約条件等の記載内容が合意できれば、契約書締結へ向けた事務作業を始めるという流れで業務フローが展開される。また、このフローの中に別途のフローとして、稟議のプロセスが入る企業が多い。

契約書締結作業は、まず、契約書ドラフトをプリントアウトし、袋とじ等の製本作業を行い、捺印のための申請書を記載し、捺印担当部門に契約書を持参して捺印を依頼し、捺印担当部門内で決裁手続が行われて捺印し、担当部門に契約書が戻り、相手方に捺印済の契約書を郵送し、相手方から戻ってきた契約書を保管するという、果てしなく長い道程の作業となっている。おそらく、1件の契約書を締結するにあたって、30分近い労務コストが発生

していると推測され、処理が完結するまでの時間が相当長い。仮に年間2,000件の契約書を締結するとなると、契約書締結作業に1,000時間の労働を必要としており、1日8時間労働とすると、125日を契約書締結作業に費やしていることになる。この日数は、年間の労働日の約半分に該当するため、年間2,000件の契約書を締結している企業では、平均で0.5人分の人件費を削減することが可能といえる。

　人件費のほかに、往復240円の切手代が削減可能で、年間2,000件の契約書を締結している企業は、年間48万円のコストを削減することができる。さらに、基本契約書を電子化する場合は、印紙代として契約書1通あたり4,000円のコストを削減することができ、費用削減効果も大きい。

　いずれにしても、電子契約システムは、導入・運営コストが低いにもかかわらず、導入後は十分に費用削減効果を享受することができる。また、コスト削減効果を数値化すると説明が容易になるため、電子契約システムを導入する際は、削減効果を数値化して説明することをお勧めする。

{ 4　電子契約システム導入へ向けた課題 }

(1)　電子契約システムの区分

　電子契約システムには、いわゆる当事者署名型と事業者署名型と称されるサービスがあり、それぞれコストとリスクが異なることから、企業としては、この2つを区分して使い分ける必要がある。

　当事者署名型とは、公開鍵方式(PKI方式)と呼ばれる暗号技術に基づく仕組みの下、第三者である電子認証局が本人確認を行った上で発行した電子証明書を用いて各利用者が電子署名を行い、

契約を締結するものをいう。このような電子署名は、日本の電子署名法における「電子署名」（同法第2条1項）に該当し、同法第3条の要件を満たすことで文書が真正に成立したと推定される。

　一方で、事業者署名型は、利用者自身の電子署名を使用せず、別の方法で署名者の本人性や電子文書の非改ざん性を担保する仕組みの下で契約を締結する方式をいう。例えば、利用者の指示に基づきベンダーが自身の署名鍵を用いて電子文書の暗号化等を行い、ベンダーの提供するシステム上で契約を締結させるものがその例である。事業者署名型の署名は電子署名法上の「電子署名」に含まれず、第3条の要件も充足しないため、文書が真正に成立したと推定されない、というのがこれまでの伝統的な解釈であった。したがって、文書が真正に成立したどうかの推定効を得ることができるかどうかが、日本法の解釈における両者の大きな違いとなっていた。

　現時点で電子契約システムを提供するベンダーのサービスの内容を見ると、当事者署名型をサービスとして提供しているベンダー、事業者署名型をサービスとして提供しているベンダー、当事者署名型と事業者署名型の両方をサービスとして提供しているベンダーが混在している。電子契約システム導入を検討する企業としては、まずベンダーの提供しているサービスの内容を正確に把握・分析し、そのサービスが当事者署名型に該当するのか事業者署名型に該当するのかを区別しなければならない。

　最近、電子契約を巡って日本で大きな動きがあり、本書を執筆中の2020年7月17日、総務省、法務省、経済産業省の連名で、「利用者の指示に基づきサービス提供事業者自身の署名鍵により暗号化等を行う電子契約サービスに関するQ&A」が公表された。このQ&Aの問2は、ベンダー自身の署名鍵による電子署

名を行う電子契約サービスの法的な位置付けについて記載しており、その記載内容によると、事業者署名型の中でも一定の要件を満たす電子契約サービスについては、電子署名法第2条で定義される「電子署名」に該当し得ると考えられる。また、9月4日には、電子署名法第3条に関する同名のQ&Aも公表された（詳細は後掲**コラム**参照）。ただし、これらに記載されている要件をどのベンダーのどのサービスが満たすかについては依然として個別的な判断を要することから、今後の運用動向やベンダーからの情報提供を注意深く精査する必要がある。

　これから日本においても、電子署名については、省庁レベルのQ&Aではなく、EUにおけるeIDAS規則のように詳細が法制化され、技術的な根拠と証拠力が明示されることが望まれる。さらに、同じくEUにおいて運用されている電子署名などトラストサービスの適格認定制度が日本で創設されると、電子契約ベンダー選定時における判断基準が明らかになることから、ユーザーとしては、このような認定制度が新たに発足することを望みたい。いずれにしても、今後の動きに注目している。

⑵　企業への導入実務

　電子契約システムの運用コストを比較すると、当事者署名型のコストは高く、事業者署名型のコストは圧倒的に安い。よって、事業者署名型を選択すると低コストでシステムを運用することができる。ただし、事業者署名型は、証拠力について当事者署名型ほど明確でなく、無権代理のリスクもあることから、導入に慎重な姿勢の企業も多い。

　事業者署名型の証拠力については、各ベンダーがタイムスタンプの付与、アクセスコードの付与、メール認証等の技術を使って

証拠力不足を補っており、実際に訴訟で争ってみると勝訴できる可能性は相当程度高いと考えられる。また、2020年7月17日付け、2020年9月4日付けのQ&Aも事業者署名型の証拠力を高め得る。

　事業者署名型の無権代理リスクについては、既存の捺印方式や当事者署名型に比べると手続が簡易であるため、他の2つの方式と比べて高いと言わざるを得ない。企業では、印章や電子証明書を厳格に管理しており、契約書に捺印を依頼する場合や電子証明書を利用する場合は、書面等で申請手続を求めることが一般的である。したがって、印章や電子証明書を管理する側と捺印等の申請を行う側が分かれており、申請を行う側だけですべての手続を完了することができない。また、捺印等の申請を行う側と承認する側とで担当部門と担当者が分かれていることから、人的な牽制機能が強く働いている。一方で事業者署名型は、相手方にEメールで署名の案内を送り、署名依頼Eメールに記載されているリンク先にアクセスして署名手続を行うことから、書面等で申請手続を行わずに署名手続を完了させることが事実上可能となり、手続自体に牽制機能が働きにくい性質を持っている。

　企業に導入する場合は、当事者署名型と事業者署名型のいずれか、又は両方を選択する必要があり、まさにコストとリスクのバランスを取るという作業が必要となる。慎重に電子契約システムを導入するというスタンスに立てば、リスクの高い契約は当事者署名型を選択し、リスクの低い契約は事業者署名型を選択することが合理的な発想といえる。また、当事者署名型はコストが高く、相手方にも電子署名を求めることから、相手方が利用する際のハードルも高く、現実的には、事業者署名型をどの範囲で社内に導入するかが課題となるケースが多い。

実務的な視点から見ると、すべての契約書を対象として電子契約システムを導入する作業は、相当難易度が高く、社内で締結されている契約書を分析し、紛争が発生する可能性が低い契約書、会社に与える損害が低い契約書をピックアップして事業者署名型の対象契約書候補として検討することが推奨される。特に、秘密保持契約、業務委託契約書等の事業活動の中で大量に発生する契約書は、スケールメリットを発揮することが可能で、事業者署名型の対象契約書として必ず検討すべきである。さらに、企業によっては、社長印は当事者署名型を利用し、執行役員以下の印は事業者署名型を利用するという運用を行うことも可能で、どのような基準を作るかは、各社の捺印決裁に関連する規程や業務フローに合わせて検討を行うことになる。

　最後に、電子契約システムを導入する最も大きな目的は、事務コストの削減であるが、どの程度のリスクを取って事務コストを削減するかを真剣に検討する必要がある。また、前述のとおり日本では、行政サイドが新たなQ&Aを出しており、近い将来、当事者署名型と事業者署名型の区分がなくなる可能性も否定できず、電子署名法の運用動向を注意深く観察する必要がある。仮に、当事者署名型と事業者署名型における証拠力の差がなくなれば、企業は署名に関するリスクを気にする必要がなくなり、現在、新型コロナウイルス感染対策による在宅勤務という追い風もあることから、一気に事業者署名型による電子契約システムの導入が進むことが想定される。

(3)　他のシステムとの連携

　企業に導入するにあたり、既存のシステムとの連携をどうするかが課題となるケースもある。いわゆる、契約審査依頼システム

との連動、契約審査システムとの連動、稟議システム等との連動といった課題である。実際には、カスタマイズが容易なベンダー、難しいベンダーがあり、ベンダー選択をする際の1つの要素になる。特に日系企業においては、契約書締結作業に稟議が必要な会社が多く、稟議システムとの連動を図りたいという要望が多いようである。社内システムとの連動は、想像以上に大変な作業であり、この作業で挫折する企業もある。

　個人的な見解としては、電子契約システムを既存システム等との連動を一切考えずにトライアルとして限られた範囲で導入し、徐々に利用する部門を拡大していくことをお勧めする。最初は小さく始めて、成功体験を重ねつつ展開する手法であり、リーガルテックを導入する際には、まず風穴を開けることが何よりも重要である。

(4) 社内業務フローの理解

　電子契約システムを導入する上で、社内においてどのようなフローで契約書締結作業が行われているのか、可能であれば導入を予定している部門ごとに確認を行う必要がある。なぜなら、電子契約システムを導入するにあたっては、社内で説明会等の準備作業が必要であり、また、誰を対象に説明を行うべきか検討を行う必要があり、その判断を行う上で、誰がどのような実務作業を行っているかを把握する必要がある。例えば、営業担当者が契約書ドラフトの交渉を行い、アシスタントが契約書締結作業を行っている会社では、営業担当者が電子契約システムの利用を含めて相手方と交渉を行う必要があり、相手方が利用を承諾するとアシスタントが実際に電子契約システムを操作して契約書締結作業を行う。この場合、営業担当者だけではなく、実際にシステムを操作する

アシスタントに対しても、システム導入に関する説明を行う必要がある。

　電子契約システムを導入した後、予想に反してシステムが全く利用されないケースがある。理由としては、説明が必要な人材に十分説明されていない可能性が高く、もう一度、社内の業務フローをチェックして必要な人材に説明を行うと、うまく浸透するケースが多い。また、電子契約システムの利用を相手方に説明すること自体が面倒であるという意見も多く、相手方へ送付する署名案内を分かりやすく作成する必要がある。

5　電子契約システムの海外展開

(1)　契約書を巡る文化

　昔の話になるが、私が米国企業を相手方とする契約案件を担当した際に、契約書ドラフト交渉が終わりサインの段階になって、相手方から署名欄にサインして FAX で送るだけで良いと言われて驚いた経験がある。契約について、このような文化的背景を持つ国では、おそらく電子契約システムを導入するハードルは、かなり低いと推定される。別な観点から見ると、契約書の署名手続自体が簡略化されている国で、そもそも電子契約システムを導入するメリットがあるのか？　つまり、そもそも契約書締結の事務コストが低いため、システムを導入してもメリットが出ないのではないかという素朴な疑問もある。

　また、企業活動の中で文書の承認手続に印鑑を使う国なのか、サインを使う国なのかという文化的背景や、日本のように取引の中で書面による契約書をあまり使わない文化的背景を持つ国もあり、契約書を使う取引の割合といった要素も実務に大きな影響を

与えている。さらに、電子契約システムについては、その国のIT浸透度や国民のITリテラシーの高さも大きな影響を与えている。実際にアジア圏の国々を訪ねてみると、日本人のITリテラシーが低いことに驚くことが多い。

　契約書は、大陸法、英米法といった法体系の違いのほかに、印鑑の有無、製本の仕方等、その国に特有の文化があり、国によってIT環境も異なることから、電子契約システムの海外展開については、一言で語ることはできず、契約書を巡る様々な情報を収集して、総合的な判断を行う必要がある。

　最近、海外取引で相手方から電子契約の利用を求められるケースも増加しており、日本と同じ感覚で安易に利用すると問題が発生する可能性があることから、基礎的な法令調査は、なるべく事前に済ませておきたいという要望も生まれている。

(2)　調査の開始

　これまでのところで、電子契約システムの導入実務について述べてきた。日本では、電子署名法がすでに施行されており、電子契約システムの導入にあたっては、当事者署名型と事業者署名型の違いや各種のリスクに注意を払い、導入対象契約と導入範囲を検討する必要がある。

　それでは海外ではどうか？　日本と同じ環境か？　企業活動がグローバル化した現代において、日本国内だけではなく、海外を含んだ事業活動を展開する国々で電子契約システムの導入を検討することは当然の成り行きで、電子契約システム導入へ向けて、導入予定国において契約書に関する基礎的な調査から始める必要がある。

　それでは何を調べるか？　何から調べるか？　現時点において、

日本で参考となる書籍は刊行されておらず、現地の法律事務所に委託して、必要な情報を照会する必要がある。この作業を多くの国で実施することは、相当に大変な作業で、適切な法律事務所を選定して照会するポイントを絞らないと、コストが膨らむばかりで有益な情報を得ることができないという事態が発生する。

　実際に電子契約システムの海外展開を検討する上で、まず調査対象国に日本法の電子署名法と類似する法令があるという仮説を立てた。具体的なアプローチとしては、調査対象国ごとに当事者署名型と事業者署名型の違いがあるかどうか、証拠力の程度はどうか、電子化できない契約書はあるかどうか等の設問を記載した質問票を作成し、10ヵ国を超える国々の法律事務所に対して質問票への回答を求めた。

(3)　第一歩を踏み出す

　電子契約システムを含めたリーガルテックを積極的に導入するためには、周到な計画を立てて大々的に始めるよりも、まず具体的な第一歩を踏み出すことが重要で、動きながら考えるという姿勢が求められ、変化にフレキシブルに対応することが求められる。まずは社内に導入し、効果を出すために運用を工夫し、それでも効果が出なければ止めるというアプローチが望ましい。

　本書は、電子契約システムの海外展開へ向けて、基礎的な情報を提供する書籍で、企業が海外展開を検討する際の第一歩として活用されることを目的としている。電子契約システムの海外展開へ向けて、いわゆる「あたりをつける作業」で、本書は大きな効果を発揮すると考えられる。また、各国法令の解説だけではなく、実際に企業へ電子契約システムを導入する際には、どのようなプロセスを経てどのような検討を行うのか、特にどのような観点で

リスク分析を行うのかについて記載している。特に電子契約システムを各国へ向けて導入する際のリスク分析と判断については、法務部長と弁護士の対話という方式を用いて、なるべく具体的に検討プロセスを記載している。各企業が電子契約システムを海外に展開する作業の中で、最初のステップとして、ぜひ本書の記載内容を参考にしていただきたい。

これから近い将来、本書から得た情報を参考として、最初の第一歩を踏み出す企業が増えることを期待している。

| コラム | 電子署名法第3条に関するQ&Aについて |

　(1)　2020年9月4日、総務省・法務省・経済産業省の連名で「利用者の指示に基づきサービス提供事業者自身の署名鍵により暗号化等を行う電子契約サービスに関するQ&A（電子署名法第3条関係）」（以下「第3条Q&A」という）が公表された。

　この第3条Q&Aの意義は、「サービス提供事業者が利用者の指示を受けてサービス提供事業者自身の署名鍵による暗号化等を行う電子契約サービス」（以下「事業者署名型サービス」という）について、一定の要件を満たす場合に電子署名法第3条が適用されることを明らかにした点にある。

　(2)　電子署名法第3条の適用要件は、当該電子署名が、①電子署名法上の「電子署名」に該当すること、②「本人だけが行うことができる」ものであること及び③本人の意思に基づいてなされたことの3点である。

　要件①については、「技術的・機能的に見て、サービス提供事業者の意思が介在する余地がなく、利用者の意思のみに基づいて機械的に暗号化されたものであることが担保されているものであり、かつサービス提供事業者が電子文書に行った措置について付随情報を含めて全体を1つの措置と捉え直すことによって、当該措置が利用者の意思に基づいていることが明らかになる場合」、事業者署名型サービスも「電子署名」に該当するとした。この点

は 2020 年 7 月 17 日付け「利用者の指示に基づきサービス提供事業者自身の署名鍵により暗号化等を行う電子契約サービスに関するQ&A（電子署名法 2 条 1 項に関する Q&A）」に準拠している。

　(3)　要件②を充足するためには、当該サービスが「十分な水準の固有性」を満たすことが必要となる。ここでいう「固有性」とは、「暗号化等の措置を行うための符号について、他人が容易に同一のものを作成することができないと認められること」をいう。電子書面につき手書きの署名や実印と同視できる程度の暗号強度・技術水準を備えることが必要という趣旨と解される。

　では、どのような場合であれば「十分な水準の固有性」が認められるか。この点について第 3 条 Q&A は、(a)利用者・サービス提供事業者間で行われるプロセスと、(b)サービス提供事業者内部で行われるプロセスの双方について、「十分な水準の固有性」が認められる必要があるとする。どのような場合に両プロセスにおいて「十分な水準の固有性」が認められるかという点については、個別の事業者署名型サービスにおけるセキュリティを評価して判断するほかないが、第 3 条 Q&A は、(a)のプロセスにおいて「十分な水準の固有性」を満たすものの具体例として 2 要素認証を挙げている。2 要素認証の例としては、メールアドレス及びログインパスワード入力による認証に加え、スマートフォンの SMS 送信等を利用したワンタイムパスワード入力による認証を用いるものがある。また、(b)のプロセスについては、事業者署名型サービスにおける「暗号の強度や利用者毎の個別性を担保する仕組み」がポイントとなる。ここで要求される水準の程度は、同 Q&A の記載からは明確でないが、同 Q&A において参考文書として列挙されている各文書の内容は、「十分な水準の固有性」を満たすための具体的な基準として参考になると考えられる。

　(4)　要件③に関して、第 3 条 Q&A は「電子契約サービスの利用者と電子文書の作成名義人の同一性が確認される（いわゆる利用者の身元確認がなされる）ことが重要な要素になる」としている。したがって電子署名法第 3 条との関係では、利用者の身元確認の有無や水準、なりすまし等への対策レベルを考慮することが必要と考えられる。

Chapter 2

各国の法制度

［執筆］久保光太郎＝古賀　遼＝松村正悟＝横山雄平

1 中 国

・・・・・・・・・・・・・・・・・

① 電子契約の有効性

（1） 中国法上、一部の特定の契約を除き、電子契約は法律上適法な形式とされており、したがって電子契約の形式によって契約を締結することが可能である。

電子契約は、中華人民共和国電子签名法[1]（以下「電子署名法」という）上、「データ電文」（電子、光学、磁気又は類似の方法によって作成、送信、受領又は保存される情報と定義されている。同法第2条）に該当すると解される。契約法第11条（民法典第469条[2]）及び電子署名法第4条によれば、記載された内容を可視的に表示することができ、随時参照及び利用することができるデータ電文は、適法な書面形式であると規定されている。

契約の締結に際しては、原則として、電子署名及びデータ電文を使用することができ、当事者が電子署名及びデータ電文を使用することを合意した文書について、電子署名及びデータ電文を使用したことのみを理由として法的効力が否定されてはならない（同法第3条）。

ただし、契約法第32条（民法典第490条）は、書面の契約は、

1） 2005年4月1日施行、2019年改正。
2） 中国においては2021年1月より「民法典」が施行される予定である。「民法典」の施行に伴い「契約法」は廃止されることになる。

当事者が署名又は捺印した時点から効力を生じると規定している。そのため、電子契約が成立するためには、署名、捺印と同等の効力を持つ電子署名が必要と解される。したがって、電子署名の有効性は、電子契約の効力を判断する際の重要な要件となる（後述）。

（2）　電子署名法第3条により、以下の類型については電子契約を使用することができない旨規定されている。

①　婚姻、養子縁組、相続等の身分関係に関係する文書

②　供水、供熱、ガス供給等公共サービスの停止に関する文書

③　その他、法律又は行政規則に規定される電子文書が適用されない文書

② 電子署名に関する規定

電子署名法第2条は、機能、効果の観点から、電子署名を「データ電文において、署名者の身元を識別し、かつ署名者がその内容を承認していることを示すデータ」と定義しており、電子署名を実現する技術については限定していない。そして同法第13条、第14条により、信頼性がある電子署名は、手書きの署名又は捺印と同等の法的効力を有するとされている。

信頼性がある電子署名とみなされるには、以下のすべての条件に合致する必要がある。

①　電子署名を生成するデータが電子署名生成の際、電子署名の署名者によって専有されていること

②　署名時において、電子署名を生成するデータが電子署名の署名者単独の管理下にあること

③　電子署名に対する事後の改変が発見可能であること

④　データ電文の内容及び形式に対する署名後の改変が発見可

能であること

③　裁判上の証拠使用の可否

(1)　中国法上、電子契約は、法定の証拠として使用することが可能である。電子署名法上、電子、光学、磁気又は類似する手段によって作成、送信、受領又は保存されていることを理由に、データ電文の証拠能力を否定してはならないと規定されている（同法第7条）。

(2)　証拠能力が認められるためには、真実性を証明する必要があるところ、データ電文の真実性を審査するに際しては、①作成、保存又は送信方法、②内容の完全性を維持する方法、及び、③送信者を識別する方法についての信頼性が勘案される（同法第8条）。

また、裁判実務上、電子契約の真実性を検証するにあたり、裁判所は、電子署名の有効性を重視し、信頼性のほか、当該電子署名が資格を有する第三者機関による認証を受けているか[3]、電子署名を行う際に本人であることを証明する身分証明のプロセスを経ているか等を詳しく検証することがある。さらに、裁判所は、契約の実際の履行実態を勘案することもある。以上のとおり、電子署名については、通常の手書きの署名や捺印と比べて、証明責任が重くなる可能性がある。

④　実務上のポイント

(1)　法的には、前記①(2)において列挙した類型以外の契約は、

---

3)　電子署名法第16条により、資格を有する機関による電子署名の認証が可能とされている。

電子契約による締結が可能である。

　一方、前記3(2)のとおり、裁判実務上、電子署名の真実性を証明する際には、手書きの署名や捺印と比べ、証明責任が重くなる可能性がある点には留意すべきである。実務上、金額や内容からして企業活動に対する影響が大きい契約や、契約に基づく義務の履行実態の確認が困難である契約については、慎重を期して、紙の契約を締結するほうが無難である。

　(2)　正確な統計はないが、今までのところ、電子契約は、契約締結の効率化を図る手段として、金融機関等が不特定多数の個人と類似した内容の契約を締結する場合（例えば、銀行からの資金引出に関する本人による確認書、契約・担保契約、融資プラットフォームにおける P2P レンディングの契約等）に利用されることが多く、一般の企業間の契約においてはそれほど多く利用されていないが、増加する傾向が見られる。

　(3)　電子契約に関して、COVID-19 の影響による立法上の動きは特に見受けられない。もっとも、以下のとおり、中国の関連当局は、電子契約の利用の促進を政策目標の 1 つとしていることが窺われる。

　①　2020 年 2 月 24 日、国務院関連部門は、COVID-19 対策に関する記者会見において、銀行保険監督管理委員会の担当者は、電子証憑、電子署名、電子印、電子データの適法性を十分に認識する必要があると発言した。

　②　2020 年 3 月 4 日、人力資源・社会保障部は、労働契約法や電子署名法に適合する限り電子契約の形式による労働契約は法的効力を有することを明確にした。

　③　2020 年 7 月 14 日、国務院関連部門は、「新ビジネスモデルの健全な開発を支援し、消費者市場の活性化と就業の拡大

に関する意見」（关于支持新业态新模式健康发展激活消费市场带動扩大就业的意见）を発表し、電子契約、電子署名、電子認証などのデジタルインフラストラクチャーを促進し、オンラインオフィスを支援するとした。

●参照条文（抜粋・非公式和訳）
＊以下は参照のため非公式に和訳したものである。公式の法令の最新の内容を必ずしも忠実に反映したものでない可能性がある。

第2条
　本法にいう電子署名とは、データ電文において、署名者の身元を識別し、かつ署名者がその内容を承認していることを示すデータを指す。
　本法にいうデータ電文とは、電子、光学、磁気又は類似の方法により作成、送信、受領又は保存された情報を指す。

第3条
　民事活動における契約、文書、書類に関し、当事者は、電子署名又はデータ電文を使用するか否かについて合意することができる。当事者が電子署名及びデータ電文を使用することを合意した文書について、電子署名及びデータ電文を使用したことのみを理由としてその法的効力が否定されてはならない。
　ただし、前記の規定は以下の文書に適用されない。
　㈠　婚姻、養子縁組、相続等の身分関係に関する文書
　㈡　水道、熱、ガス供給及びその他の公共サービスの提供停止に関する文書
　㈢　その他、法律又は行政規則に規定される電子文書が適用されない文書

第4条
　記載内容を可視的に表示でき、いつでも参照及び利用できるデータ電文は、法律及び法規で定められたデータ電文の要件に合致する書面形式であるものとみなす。

第7条
　電子、光学、磁気又は類似の方法により作成、送信、受信又は保存さ

れた情報であるという理由のみで、データ電文の証拠としての利用が拒否されてはならない。

第8条
データ電文の証拠としての真実性を検討するにあたっては、以下の要素を考慮すべきである。
- (一) データ電文の作成、保存、又は送信方法についての信頼性
- (二) データの完全性を維持する方法についての信頼性
- (三) 送信者を識別する方法についての信頼性
- (四) その他関連する要素

第13条
電子署名が次の条件を同時に満たしているとき、信頼できる電子署名とみなす：
- (一) 電子署名を生成するデータが電子署名生成の際、電子署名の署名者によって専有されていること
- (二) 署名時において、電子署名を生成するデータが電子署名の署名者単独の管理下にあること
- (三) 電子署名に対する事後の改変が発見可能であること
- (四) データ電文の内容及び形式に対する署名後の改変が発見可能であること

当事者は、当事者が合意した信頼できる条件を満たす電子署名を使用することもできる。

第14条
信頼できる電子署名は、手書きの署名又は捺印と同等の法的効力を有するものとする。

第16条
電子署名につき第三者による認証を必要とする場合、合法的に設立された電子認証サービスプロバイダが認証サービスを提供する。

[協力] 孫　海萍（方達法律事務所）

2 香　港

・・・・・・・・・・・・・・・・・

1 電子契約の有効性

(1) 香港法上、電子契約は紙の契約と同様の法的効力及び執行力を有するとされる。

Electronic Transactions Ordinance (Cap. 553)（以下「ETO」という）第 2 条では、電子記録（electronic record）につき、「情報システムによってデジタル形式で生成された記録であって、情報システムその他の媒体により保存され、情報システム間で送受信可能なもの」と定義されているところ、電子契約において作成された契約の電子データも、電子記録に該当すると解される。また ETO 第 5 条は、電子記録の有効性の要件として、電子記録に含まれる情報が事後的にアクセス可能であることを挙げている。

(2) ETO 別紙 1 は、例外として、以下に掲げる法律文書の類型については、手書きの署名が要求される旨、定めている。例えば以下の文書がかかる例外に該当する。

① 遺言書の作成、変更等

② 信託の設定、変更等

③ 委任状の作成、変更等

④ 国有地の賃貸借等

⑤ 譲渡と財産に関する条例（物業転易及財産条例）において規定される不動産の譲渡、担保権の設定、その他不動産の処

分等に影響を与える契約の締結

⑥　為替条例（汇票条例）において規定されている為替手形

②　電子署名に関する規定

(1)　香港法上、電子署名はelectronic signatureとdigital signatureに分かれている。electronic signatureとは、「電子記録中に添付され又は論理的に結合した文字、数値その他のデジタル形式の記号であって、当該電子記録の証明又は承認の目的で付されるもの」とされている（ETO第2条）。

electronic signatureは、①署名者が、特定の電子記録に対する証明又は承認を示す目的で、当該電子記録に電子署名を付した場合であって、②当該電子記録中で署名者が用いた方法が信頼に足り、かつ、電子記録中に示された情報が識別性の観点から適当であり、③相手方が電子署名の使用に同意をしている場合、有効とされる（同第6条1項）。

(2)　他方、digital signatureとは、「電子署名のうち、非対称暗号方式及びハッシュ関数の技術を用いて作成されたものであって、①当該電子署名が付された電子記録を一次的に取得した者が、公開鍵に対応する秘密鍵によって電子署名が付されたこと、及び、②当該電子記録に電子署名が付された後、改変が加えられたか否かを確認できるもの」を指す（ETO第2条）。

digital signatureは、①認証された証明書（certificate）が付与されたものであること、②当該digital signatureが証明書の有効期間内に付されたものであること、及び、③証明書に示された条件に従って付されたものであることの各点を満たす場合、有効とされる（同第6条1A項）。

③ 裁判上の証拠使用の可否

　前記②の有効性要件を満たす限り、electronic signature 及び digital signature は、いずれも裁判上証拠として使用することができる。香港法上、electronic signature と digital signature との間で証拠価値に差異は設けられていない。

④ 実務上のポイント

　実務においては、契約当事者にとって重要な契約は、なお書面によるべきとの認識が根強いようである。しかし、特に遠隔地に所在する当事者間の契約については、従来から、電子契約の活用が試みられてきた。電子署名を付した電子契約を締結した後に、慎重を期すために手書きの署名を付した原本を交換するよう弁護士がアドバイスすることも珍しくはない。

　他方、行政手続においては積極的に電子署名が利用されており、例えば、郵便局発行の電子証明書を用いれば、香港政府のウェブサイト上にて各種の電子的申請（e-Filing）を行うことができる。

●参照条文（抜粋）

＊以下は「電子版香港法例」（https://www.elegislation.gov.hk/）より抜粋して引用したものである[4]。

Electronic Transactions Ordinance (Cap. 553)

4）　本引用は電子版香港法例の著作権ポリシーに基づくものである。条文に関する著作権その他一切の権利は香港特別行政区政府に帰属する。香港特別行政区政府は、転載の正確性及び最新性については一切責任を負わない。条文の全文は電子版香港法例の web サイトで閲覧可能である。

Section 2. Interpretation

digital signature (數碼簽署), in relation to an electronic record, means an electronic signature of the signer generated by the transformation of the electronic record using an asymmetric cryptosystem and a hash function such that a person having the initial untransformed electronic record and the signer's public key can determine—

(a) whether the transformation was generated using the private key that corresponds to the signer's public key; and

(b) whether the initial electronic record has been altered since the transformation was generated;

electronic record (電子紀錄) means a record generated in digital form by an information system, which can be—

(a) transmitted within an information system or from one information system to another; and

(b) stored in an information system or other medium;

electronic signature (電子簽署) means any letters, characters, numbers or other symbols in digital form attached to or logically associated with an electronic record, and executed or adopted for the purpose of authenticating or approving the electronic record;

Section 5. Requirement for writing

(1) If a rule of law requires information to be or given in writing or provides for certain consequences if it is not, an electronic record satisfies the requirement if the information contained in the electronic record is accessible so as to be usable for subsequent reference.

(2) If a rule of law permits information to be or given in writing, an electronic record satisfies that rule of law if the information contained in the electronic record is accessible so as to be usable for subsequent reference.

Section 6. Electronic signatures, digital signatures, etc.

(1) Where—

(a) a rule of law requires the signature of a person (*the first*

mentioned person) on a document or provides for certain
consequences if the document is not signed by the first
mentioned person; and

(b)   neither the first mentioned person nor the person to whom
the signature is to be given (*the second mentioned person*) is or
is acting on behalf of a government entity,

an electronic signature of the first mentioned person satisfies the
requirement if—

(c)   the first mentioned person uses a method to attach the
electronic signature to or logically associate the electronic
signature with an electronic record for the purpose of
identifying himself and indicating his authentication or
approval of the information contained in the document in the
form of the electronic record;

(d)   having regard to all the relevant circumstances, the method
used is reliable, and is appropriate, for the purpose for which
the information contained in the document is communicated;
and

(e)   the second mentioned person consents to the use of the
method by the first mentioned person. (*Replaced 14 of 2004* s.
5)

(1A) Where—

(a)   a rule of law requires the signature of a person on a
document or provides for certain consequences if the
document is not signed by the person; and

(b)   either or both of the person mentioned in paragraph (a) and
the person to whom the signature is to be given is or are or is
or are acting on behalf of a government entity or government
entities,

a digital signature of the person mentioned in paragraph (a)
satisfies the requirement if the digital signature is—

(c)   supported by a recognized certificate;

(d)   generated within the validity of that certificate; and

(e)   used in accordance with the terms of that certificate. (*Added*

14 of 2004 s. 5)

(2) In subsection (1A)(d), within the validity of that certificate (在 該證書的有效期內) means that at the time the digital signature is generated— (*Amended 14 of 2004 s. 5*)

    (a) the recognition of the recognized certificate is not revoked or suspended by the Government Chief Information Officer, and the certificate is not revoked or suspended by the recognized certification authority that issues the certificate; (*Amended 14 of 2004 s. 5; L.N. 131 of 2004*)

    (aa) in the case of a recognized certificate that is a certificate designated as a recognized certificate issued by the recognized certification authority referred to in section 34, the designation is not withdrawn by the certification authority; (*Added 14 of 2004 s. 5*)

    (b) if the Government Chief Information Officer has specified a period of validity for the recognition of the recognized certificate, the certificate is within that period; and (*Amended L.N. 131 of 2004*)

    (c) if the recognized certification authority has specified a period of validity for the recognized certificate, the certificate is within that period.

Schedule 1

[ss. 3 & 50]

Matters Excluded from Application of Sections 5, 5A, 6, 7, 8 and 17 of this Ordinance under Section 3 of this Ordinance

(*Amended 14 of 2004 s. 26*)

(*Format changes—E.R. 1 of 2013*)

1. The creation, execution, variation, revocation, revival or rectification of a will, codicil or any other testamentary document.

2. The creation, execution, variation or revocation of a trust (other than resulting, implied or constructive trusts).

3. The creation, execution, variation or revocation of a power of attorney.

4. The making, execution or making and execution of any instrument which is required to be stamped or endorsed under the Stamp Duty Ordinance (Cap. 117) other than a contract note to which an agreement under section 5A of that Ordinance relates.

5. Government conditions of grant and Government leases.

6. Any deed, conveyance or other document or instrument in writing, judgments, and lis pendens referred to in the Land Registration Ordinance (Cap. 128) by which any parcels of ground tenements or premises in Hong Kong may be affected.

7. Any assignment, mortgage or legal charge within the meaning of the Conveyancing and Property Ordinance (Cap. 219) or any other contract relating to or effecting the disposition of immovable property or an interest in immovable property.

8. A document effecting a floating charge referred to in section 2A of the Land Registration Ordinance (Cap. 128).

9. Oaths and affidavits.

10. Statutory declarations.

11. Judgments (in addition to those referred to in section 6) or orders of court.

12. A warrant issued by a court or a magistrate.

13. Negotiable instruments (but excluding cheques that bear the words "not negotiable"). (*Replaced L.N. 141 of 2014*)

[協力] Katherine Chan (Katherine Chan Law Office)

3　台　湾

・・・・・・・・・・・・・・・・・

① 電子契約の有効性

(1)　台湾法上、契約は、契約の成立に一定の方式を必要とする
「要式契約」と、契約の成立に何らの方式をも必要としない「不
要式契約」に分かれる。

　不要式契約の場合、原則としては当事者間の申込みと承諾の合
致により契約が成立して発効する。そのため、電子契約を用いる
場合であっても、それはあくまで双方の意思表示の合致を証明す
るものに過ぎず、契約の成否には影響しない。したがって、電子
簽章法[5]（以下「電子署名法」という）第4条1項の「相手方の同
意を得た」という条件を満たせば、電子契約も紙の契約と同様に
有効と解される。

　一方、要式契約は、電子署名法第4条2項の「法令により書
面で作成されるべきもの」に該当すると考えられる。したがって、
電子契約については、①その完全な内容を表すことができること、
②後日の検証に供することができること、③相手方の同意を得た
こと、という3つの条件を満たせば、紙の契約と同様に有効で
あると解される。

---

5)　2001 年 11 月 14 日制定・公布（總統 (90) 華總一義字第 9000223510 號）、
　　2002 年 4 月 1 日施行（行政院 (91) 院臺經字第 0910080314 號）

(2)　電子署名法第4条3項、第6条3項及び第9条2項によると、法令又は各事業の主務官庁の公告により、書面、署名又は捺印が必要となるものにつき、一部の電子書類や電子署名が不適切である場合を想定し、電子署名法の適用を排除したり、その適用すべき技術や手続を別段定めたりすることができる。

　この点、本稿執筆時点（2020年7月）で適用対象外となっているのは、主に政府部門に提出する書面が多く、私人間の契約は少ない。例えば、労働者の団体協約、外国労働者との契約、技術研修者との契約は適用対象外である。他方、例えばメーカーが頻繁に締結する取引契約や秘密保持契約などは適用対象外に含まれておらず、電子契約の使用が可能である。

　以上のとおり、電子契約を使用する際には、具体的な場面・類型ごとに電子契約の使用の可否を確認する必要がある。

② 電子署名に関する規定

(1)　電子署名（後掲の非公式英訳では electronic signature に対応する。以下同じ）とは、電子書類に添付及び関連付けられ、電子書類の署名者の身元、資格及び電子書類の真偽を識別及び確認するために用いられるものを指す（電子署名法第2条2号）。また、法令により署名又は捺印を行わなければならない書面については、相手方の同意を得た場合、電子署名を使用することができる（同法第9条1項）。したがって、「相手方の同意を得た」という条件を満たせば、電子署名は有効な署名として利用することが可能となる。

(2)　さらに、台湾法上、「數位簽章」（後掲の非公式英訳では digital signature に対応する。以下同じ）という類型の電子署名が存在する。これは、署名者の秘密鍵で暗号化され、公開鍵で検証

できる特定の長さのデジタルデータを作成するための数学アルゴリズム又はその他の手段を使用して生成された電子署名を意味する（電子署名法第2条3号）。

　最大の特徴は、「數位簽章」による電子書類へのサインは、①電子署名法により認可を取得した機構（認証サービスプロバイダ）が同法令に基づき発行した証明書を使うこと、及び、②証明書が有効かつ使用範囲を超えていないことの2つの条件を満たさない限り、効力が発生しないということである（同法第10条）。

③　裁判上の証拠使用の可否

　(1)　電子署名法第5条1項には「法令により書類の原本又は正本を提示することが必要となる場合、その書類が電子書類の形式で作成されており、かつ、その完全な内容を表すことができ、後日の検証に供することができるのであれば、電子書類で提示することができる。ただし、筆跡若しくは印影の確認、又はその他書類の真偽の確認をする必要がある、あるいは法令に別段の規定がある場合はこの限りではない。」と定められている。これにより、電子契約は裁判所の手続においても、原則として有効な証拠として認められる。

　(2)　前述のとおり、「數位簽章」は、①電子署名法により認可を取得した機構（認証サービスプロバイダ）が法令に基づき発行した証明書を使うこと、②証明書が有効かつ使用範囲を超えていないことという2つの条件を満たす必要がある。したがって、特に法令上の明確な定めはないものの、數位簽章は、裁判実務上、偽造ないし変造されるリスクが類型的に低く信頼性が比較的高いと認定されるものと考えられる。

④ 実務上のポイント

(1) 台湾法の下で、一部の例外（前記①(2)参照）を除いて、基本的に電子契約の形式により契約を締結することができる。もっとも、一部の大手企業やオンラインビジネスを除き、現在の台湾におけるビジネス慣行の下では、少なくとも書面の契約に捺印をする形で行うのが通常である。前述のとおり、電子書類や電子署名の利用は、「相手方の同意を得た」ことを条件とするため、相手方当事者がその利用に慣れていない現状の下では、手書きの署名又は捺印を用いて契約を締結するほうが無難といえる。

(2) また、「相手方の同意を得た」という要件について、例えば、雇用契約の場合、使用者と従業員には交渉力の差があることから、従業員との間で当該要件の充足性につき争いが生じるリスクが懸念される。できるだけリスクを回避するという観点からは、雇用契約に関しては電子契約の使用を避けるほうがよいと考えられる。

● 参照条文（抜粋）

＊以下は「全國法規資料庫」（https://law.moj.gov.tw/Eng/）より引用したものである。
＊本文中に引用する条文の項番号は、当該条文の段落番号に対応している（例：第4条1項は、以下の Article 4 の第1段落を指す）。

電子簽章法
Article 2
The terms of this Act are defined as follows:
1. "electronic record" means a record in electronic form, which is made of any text, sound, picture, image, symbol, or other information generated by electronic or other means not directly

recognizable by human perceptions, and which is capable of conveying its intended information.

2. "electronic signature" means data attached to and associated with an electronic record, and executed with the intention of identifying and verifying the identity or qualification of the signatory of the electronic record and authenticating the electronic record.

3. "digital signature" means an electronic signature generated by the use of mathematic algorithm or other means to create a certain length of digital data encrypted by the signatory's private key, and capable of being verified by the public key.

4. "encrypt" means to cipher an electronic document by mathematic algorithm or other means.

5. "certification service provider" means a government agency or a juristic person that issues certificates.

6. "certificate" means an electronic attestation which links signature-verification data to a person and confirms the identity and attribute of that person.

7. "certification practice statement" means a practice statement published by a certification service provider to specify the practices that the certification service provider employs in issuing certificates and managing other certification-related services.

8. "information system" means a system that generates, sends, receives , stores, or otherwise processes information or data in electronic form.

Article 4

With the consent of the other party, an electronic record can be employed as a declaration of intent.

Where a law or regulation requires that information be provided in writing, if the content of the information can be presented in its integrity and remains accessible for subsequent reference, with the consent of the other party, the requirement is satisfied by providing an electronic record.

By stipulation of a law or regulation or prescription of a government agency, the application of the two preceding paragraphs may be exempted, or otherwise require that particular technology or procedure be followed. In the event that particular technology or procedure is required, the stipulation or prescription shall be fair and reasonable, and shall not provide preferential treatment without proper justifications.

Article 5

Where a law or regulation requires a document to be presented in its original form or exemplification, the requirement is satisfied by providing an electronic record, provided that the document is generated in electronic form, and that the content of the document can be presented in its integrity and remains accessible for subsequent reference. The preceding rule shall not apply in the situation where verification of handwriting, seals, or other methods for authenticating the integrity of a document is required, or where a law or regulation provides otherwise.

The requirement for the content of a document to be presented in its integrity in accordance with the first paragraph does not apply to the additional information arising in the course of sending, receiving, storing, and displaying in the electronic form.

Article 6

Where a law or regulation requires a document to be retained, if the content of the document can be presented in its integrity and remains accessible for subsequent reference, the requirement is satisfied by retaining an electronic record.

In all cases, the electronic record stipulated in the preceding paragraph shall be limited to the one which is capable of retaining, along with its main content, the information regarding its dispatch place, receiving place, date, and information or data to verify or authenticate the electronic record.

By stipulation of a law or regulation or prescription of a government agency, the application of the first paragraph may be exempted, or otherwise require that particular technology or procedure be followed. In the event that particular technology or procedure is required, the stipulation or prescription shall be fair and reasonable, and shall not provide preferential treatment without proper justifications.

Article 9

Where a law or regulation requires a signature or seal, with the consent of the other party, the requirement is satisfied by using an electronic signature.

By stipulation of a law or regulation or prescription of a government agency, the application of the preceding paragraph may be exempted, or otherwise require that particular technology

or procedure be followed. In the event that particular technology or procedure is required, the stipulation or prescription shall be fair and reasonable, and shall not provide preferential treatment without proper justifications.

Article 10

Where a digital signature is employed in an electronic record, for the first paragraph of Article 9 to be applicable, the digital signature shall meet the following requirements:

1. it shall be supported by a certificate issued by a certification service provider whose certification practice statement is approved in accordance with Article 11 or which is permitted in accordance with Article 15; and
2. the certificate is still valid and is not used contrary to its limitation of use.

[協力] 陳 文智、呉 采模 (萬国法律事務所)

4　韓　国

・・・・・・・・・・・・・・・・・

1　電子契約の有効性

（1）　韓国法上、電子契約も紙の契約と同様に法的に有効である。電子文書及び電子取引基本法[6]（以下「電子文書法」という）において、電子文書とは「情報処理システムによって電子的な形態で作成、送信、受信又は保存された情報」と定義される（電子文書法第2条1号）。なお、同法第4条1項は、「電子文書は、電子的形態であるという理由によって文書としての効力を否認されることはない。」と規定している[7]。したがって、電子契約等の電子文書は、紙で作成された契約書と同じく法律上の効力が認められる。

（2）　電子契約を使用することができない類型として、電子金融取引法[8]は、「金融機関又は電子金融業者は、利用者から取引内容の書面（電子文書を除く。以下も同様とする。）の交付を求められたときは、かかる請求を受けた日から2週間以内に、取引内容に関する書面を交付しなければならない。」と定めている（同法第7条2項）。

---

6)　2020年6月9日付け法律第17353号。2020年12月10日施行予定。
7)　2020年改正以前は「他の法律に特別な規定がある場合を除いて」という限定が付されていた。
8)　2018年6月12日付け法律第15698l号

また、民法[9]は、「電子的な形式で表示された保証の提供の意思は、その効力を有しない。」と規定している（同法第428条の2第1項但書）。ただし、電子文書法は「保証人が自らの営業又は事業として作成した保証の意思が表示された電子文書は、民法第428条の2第1項但書にもかかわらず、同項本文による書面とみなす。」（電子文書法第4条2項）と規定しており、同項の要件に該当する場合は紙の契約と同様に有効となる。

② 電子署名に関する規定

電子署名法[10]（以下「電子署名法」という）上、電子署名（後掲の非公式英訳では digital signature に対応する。以下同じ）は、「署名者を確認し、署名者が当該電子文書に署名したことを表すことに用いるために、当該電子文書に添付され、又は論理的に結合された、電子的な形態の情報」と定義されている（電子署名法第2条2号）[11]。電子署名法の制定当時においては、「電子署名」は非対称暗号方式であることが要件だったが、現在はそのような制限は付されていない。

また、電子署名法の下では「公認電子署名」（後掲の非公式英訳では certified digital signature に対応する。以下同じ）という類型の電子署名が規定されている。公認電子署名とは、①電子署名の生成情報が署名者のみに保持され、かつ署名者のみが知るものであること、②署名当時、署名者が電子署名情報を支配・管理して

9） 2020年6月9日付け法律第14965号。2020年12月10日施行予定。
10） 2017年3月14日付け法律第14577号
11） 電子署名法改正法（2020年6月9日付け法律第17354号。2020年12月10日施行予定）においては、電子署名は、「署名者の身元と、署名者が当該電子文書に署名したことを表すために、電子文書に添付され、又は論理的に結合された、電子的な形態の情報」と定義されている。

いること、③電子署名の生成後、当該電子署名に対する変更の有無が確認できること、及び④電子署名の生成後、当該電子署名を付した電子文書に対する変更の有無が確認できること、という4つの要件をすべて備えた、公認認証書に基づく電子署名をいう（同法第2条3号）。公認電子署名には、それが署名者自身による電子署名であること、及びその内容が事後的に変更されていないことを推定する効力が認められていた（同法第3条2項）。法令に基づいて署名・捺印が必要となるケースでは、公認電子署名が必要となる（同法第3条1項）。例えば、定款を作成する場合などがこれに該当する。しかし、2020年の電子署名法改正により、公認電子署名の制度は廃止されることになった。

同条第3項（改正後同条第2項）は、「公認電子署名以外の電子署名は、当事者間の約定による署名、署名捺印又は記名捺印としての効力を有する。」と定めている。したがって、当事者間の合意があれば、公認電子署名以外の電子署名についても、署名捺印と同等の効力を有することになる。また、法令の規定に基づいて行う電子署名も、署名捺印と同等の効力を持つとされている（例として、政府との間で締結する契約における電子署名が挙げられる）。

③ 裁判上の証拠使用の可否

電子契約も裁判所で証拠として使用することができる。

前述のとおり、公認電子署名には特別な効果が認められていたが、改正により廃止される予定である。

④ 実務上のポイント

2016年、政府（雇用労働部）は、電子雇用契約の活性化のためのガイドラインを公布し、電子雇用契約が実務上、本格的に使わ

れるようになった。しかし、一般的には、韓国社会のほとんどの分野において、紙の契約書が使われることがまだ多い。

　COVID-19 の影響として、不動産契約の電子契約が増えたという報道や、電子契約を導入するとの記事は散見されるものの、本稿執筆時点（2020 年 7 月）において、社会全体における電子契約の使用割合等に関する統計はまだない。

●参照条文（抜粋・英訳）
＊以下の条文は韓国国家法令情報センターのウェブサイト（http://www.law.go.kr/LSW/eng/engMain.do）から引用したものである。

電子署名法（2020 年改正前のもの）
Article 2 (Definitions)

The terms used in this Act shall be defined as follows:

(1) The term "electronic message" means a piece of information generated and sent, received, or stored in digital form through an information processing system;

(2) The term "digital signature" means a piece of information in digital form affixed on, or logically combined to, an electronic message in order to identify the signer and verify that the electronic message has been signed by that signer;

(3) The term "certified digital signature" means a digital signature that satisfies the following requirements and is grounded upon an authorized certificate:

  (a) That the digital signature creating key shall be only held by and known only to the subscriber;

  (b) That the subscriber shall be controlling and managing the digital signature creating key at the time of signing;

  (c) That it shall be ascertained whether there has been any alteration in the digital signature concerned since it was affixed; and

  (d) That it shall be ascertained whether there has been any

alteration in the electronic message concerned since digital signature was affixed;

(4) The term "digital signature creating key" means a sequence of bits used to affix a digital signature to an electronic message;

(5) The term "digital signature verifying key" means a sequence of bits used to verify a digital signature;

(6) The term "certification" means the act of ascertaining and verifying that the digital signature creating key is held and known only by the subscriber;

(7) The term "certificate" means a computer-based record ascertaining and verifying that the digital signature creating key is only held by and known only to the subscriber;

(8) The term "authorized certificate" means a certificate that a licensed certification authority issues in accordance with Article 15;

(9) The term "authorized certification work" means the affairs of offering authorized certification services, such as the issuance of authorized certificates, the maintenance of certification-related records, etc.;

(10) The term "licensed certification authority" means an entity that is, in accordance with Article 4, designated as such in order to offer authorized certification services;

(11) The term "subscriber" means a person whose digital signature creating key has been certified by a licensed certification authority;

(12) The term "signer" means a person who holds his own digital signature creating key and signs in his/her own name or on behalf of another person;

(13) The term "information on individual" means a piece of information that pertains to a living individual, such as information regarding marks, letters, voice, sound, image, and biometric characteristics which may help establish the identity of the person concerned based on his/her name, resident registration number, etc. (including cases where such information, even if this information

is not enough to identify a specific person, can be combined easily with other information to establish his/her identity).

[This Article Wholly Amended by Act No. 6585, Dec. 31, 2001]

Article 3 (Effect, etc. of Digital Signature)

(1) In cases where a signature, signature and seal, or name and seal is, under other Acts and subordinate statutes, required to be affixed on a paper-based document or letter, it shall be deemed that such requirements are satisfied if there is a certified digital signature affixed on an electronic message. *<Amended by Act No. 6585, Dec. 31, 2001>*

(2) In cases where a certified digital signature is affixed on an electronic message, it shall be presumed that such a digital signature is the signature, signature and seal, or name and seal of the signer of the electronic message concerned and that there has been no alteration in the contents of such message since it was signed digitally. *<Amended by Act No. 6585, Dec. 31, 2001>*

(3) A digital signature other than a certified digital signature shall have such an effect of a signature, signature and seal, or name and seal, as is agreed between the parties concerned. *<Newly Inserted by Act No. 6585, Dec. 31, 2001>*

Article 4 (Designation of Licensed Certification Authority)

(1) The Minister of Science and ICT may designate as a licensed certification authority an entity that is deemed to be capable of performing authorized certification work (hereinafter referred to as "certification work") in a secure and reliable manner. *<Amended by Act No. 6585, Dec. 31, 2001; Act No. 8852, Feb. 29, 2008; Act No. 11690, Mar. 23, 2013; Act No. 14839, Jul. 26, 2017>*

(2) The entity that can be designated as a licensed certification authority shall be limited to State agencies, local governments and corporations.

(3) The entity that desires to be designated as a licensed certification authority shall meet such requirements as technical and financial

capabilities, facilities and equipment, and other required matters as provided by Presidential Decree.

(4) Where the Minister of Science and ICT designates a licensed certification authority under paragraph (1), he/she may designate it, for a sound development, etc. of the authorized certification market, by dividing the domain of certification work under the establishment purpose in cases of State agencies, local governments, non-profit corporations or corporations established by special Acts. *<Newly Inserted by Act No. 7813, Dec. 30, 2005; Act No. 8852, Feb. 29, 2008; Act No. 11690, Mar. 23, 2013; Act No. 14839, Jul. 26, 2017>*

(5) Procedures for designation of a licensed certification authority and other necessary matters shall be determined by Presidential Decree.

電子文書及び電子取引基本法

Article 2 (Definitions)

The definitions of terms used in this Act shall be as follows:

1. The term "electronic document" means information, prepared, transmitted, received, or stored in an electronic form by an information processing system;

2. The term "information processing system" means an electronic mechanism or system capable of processing information used for preparing, converting, transmitting, receiving, or storing electronic documents;

（略）

Article 4 (Validity of Electronic Documents)

(1) No electronic document shall be denied legal effect as a document solely because it is in an electronic form, except as otherwise expressly provided for in other Acts.

(2) An electronic document showing the intent of guaranty which has been drawn up by the guarantor for the purpose of his/her business or project shall, notwithstanding the proviso to Article

428-2 (1) of the Civil Act, be deemed a document under the main sentence of the same paragraph. *<Newly Inserted by Act No. 13768, Jan. 19, 2016>*

(3) Where acts of recording, reporting, preservation, keeping, preparation or otherwise under any Act as specified in attached Table have been conducted in the form of electronic documents, it shall be deemed that acts pursuant to such Act have been conducted.

[協力] キム・ユンヒ (SHIN & KIM LLC)

5　シンガポール

・・・・・・・・・・・・・・・・・

1　電子契約の有効性

（1）　シンガポールにおいては、Electronic Transactions Act (Chapter 88)（以下「ETA」という）により、契約は電子契約の形式で締結することが可能である。申込みと承諾、契約当事者の意思の存在等、契約の一般的な成立要件とされる事項が具備されていれば、電子契約は有効とされる（ETA第11条）。

（2）　ETA第4条によると、同別紙1中に列挙されている下記文書については、電子契約の有効性等について定めたETA第2章が適用されないとされる。

① 遺言書の作成又は執行

② 有価証券、権利証書、為替手形、約束手形、委託手形、船荷証券、倉庫証券、又は受取人や受益者に商品の引渡しや金額の支払を請求する権利を与える有価証券

③ インデンチュア証書（貸主と借主、又は担保権者と担保設定者との間の権利義務を定めた契約書）、信託申告書、又は委任状の作成・履行・執行

④ 不動産や不動産に関する権利の売却その他処分のための契約

⑤ 不動産やその持分の譲渡証書

（3）　もっとも、別紙1に列挙されている文書に関しては電子

契約の利用が一切認められないわけではない。その有効性について、ETAを根拠とすることができないという意味に過ぎず（ETA第5条）、契約が有効となる余地は残っている。例えば、不動産の売買契約が電子メールにより締結されたため、ETAを根拠としてその有効性を主張することはできなかった事例において、裁判所は、コモンローの下では、本当事者間のメールのやり取りは、契約の成立に関する書面と署名性の要件を充たしているため、法的拘束力のある契約が成立していると判断している[12]。

② 電子署名に関する規定

(1) 電子署名の有効性が認められる要件は下記のとおりである（ETA第8条）。

① 署名した者を識別し、かつ当該署名者の電子記録に含まれる情報に係る意思を示すことができるものであること

② 電子署名に使用される方法が、関連する契約を含むすべての状況に照らして、電子記録を生成又は伝達する目的に適した信頼性の高いものであるか、又は①の事実を、当該方法のみによるか若しくは他の証拠と併せることによって証明できること

例えば、①については、契約書や契約内容に関する電子メールに名前を入力する、電子的形式で作成した契約書に画像の形で署名を電子的に貼り付ける等の方法が考えられる。②については、署名をした者の身元を特定し、その意思を確認することができるセキュリティ機能を備えた電子署名サービスを使用することが考

---

12) SM Integrated Transware Pte Ltd v Schenker Singapore (Pte) Ltd の事例（[2005] 2 SLR(R) 651 concerned）

えられる。

(2) また、ETA では、secure electronic signature という特別な電子署名が規定されており、通常の電子署名と異なる効力が与えられている。secure electronic signature が使用された電子記録については、その内容が事後的に変更されていないこと、電子署名が署名者自身の署名であること及び当該電子署名が署名者の当該電子記録に対する署名及び承認の意図に基づくものであるという推定が働く（ETA 第 19 条）。

電子署名が secure electronic signature として扱われるためには、下記の要件をすべて充足することが必要である（同第 18 条）。

① 電子署名がその署名を行った者に固有のものであること
② その署名を行った者を識別できること
③ 署名者の支配下にある方法を使用して作成されたこと
④ 書面の内容が変更された場合には電子署名が無効になる等、電子署名と電子記録がリンクしていることが検証可能であること

③ 裁判上の証拠使用の可否

電子署名の付された電子契約を証拠として使用することは可能であるが、前述の secure electronic signature とそれ以外の電子署名とで法律上、その証拠としての取扱いに差異が設けられている。

secure electronic signature の場合には、文書の非改ざん性や署名者の本人性が推定される（反対当事者がこの推定に対する反証を行うことは可能である）。一方で、それ以外の電子署名が用いられた場合は、このような推定が働かない。このような電子署名に

ついては、証拠として裁判所に提出する際に、当該電子署名が信頼に足る条件の下で作成されたことを証明する証拠を別途提出しなければならない。

④ 実務上のポイント

(1) 前記①のとおり、ETA の別紙 1 に列挙されている類型であっても、ETA 以外の法的根拠に基づいて電子契約や電子署名の有効性が認められる可能性はあるが、有効性を確実に確保するためには、当該類型については、従前どおり紙の契約書を用いて手書きで署名を行うほうがよい。

また、重要度の高い契約については、改ざん、なりすまし等のリスクを可及的に排除するため、secure electronic signature を利用することを検討すべきである。

(2) 一方で、正確な統計はないものの、特に B to C 取引等においては、電子契約や電子署名がごく一般的に利用されている。

近時の動きということでいえば、2019 年 6 月、Infocomm Media Development Authority（以下「IMDA」という）は、ETA の別紙 1 の改正案について、一般市民や業界からの意見を募るべくコンサルテーション・ペーパーを発行した。この改正案は、シンガポールの商取引における電子契約及び電子署名のより一層の普及を図る一方で、要保護性の高い類型の契約については要件を加重することで、取引の安全と迅速性の両立を図るものである。具体的には、①別紙 1 に列挙されている契約類型のうち、商取引に関連するものについてはほぼすべて削除することで、商取引の大半に ETA の第 2 章を適用できるようにし、また、②要保護性の高い不動産の売買・処分に係る契約書については、secure electronic signature を使用するとの要件を別紙 1 に追加するこ

とを提案している。

＊以下は Singapore Statutes Online（https://sso.agc.gov.sg/）掲載の条文から抜粋したものである。公式の英訳ではなく、最新の法令の内容を必ずしも忠実に反映したものではない。

Electronic Transactions Act
Excluded matters
4. (1) The provisions of this Act specified in the first column of the First Schedule shall not apply to any rule of law requiring writing or signatures in any of the matters specified in the second column of that Schedule.

(2) The Minister may, by order published in the Gazette, amend the First Schedule.

Party autonomy
5. (1) Nothing in Part II shall affect any rule of law or obligation requiring the agreement or consent of the parties as to the form of a communication or record, and (unless otherwise agreed or provided by a rule of law) such agreement or consent may be inferred from the conduct of the parties.

(2) Nothing in Part II shall prevent the parties to a contract or transaction from —

    (a) excluding the use of electronic records, electronic communications or electronic signatures in the contract or transaction by agreement; or

    (b) imposing additional requirements as to the form or authentication of the contract or transaction by agreement.

(3) Subject to any other rights or obligations of the parties to a contract or transaction, the parties may, by agreement —

    (a) exclude section 6, 11, 12, 13, 14, 15 or 16 from applying to the contract or transaction; or

(b)   derogate from or vary the effect of all or any of those
provisions in respect of the contract or transaction.

Legal recognition of electronic records

6. For the avoidance of doubt, it is declared that information shall not
be denied legal effect, validity or enforceability solely on the ground
that it is in the form of an electronic record.
[ETA, s. 6; UNCITRAL, Art. 5; UN, Art. 8]

Requirement for writing

7. Where a rule of law requires information to be written, in writing,
to be presented in writing or provides for certain consequences if it
is not, an electronic record satisfies that rule of law if the information
contained therein is accessible so as to be usable for subsequent
reference.
[ETA, s. 7; UNCITRAL, Art. 6; UN, Art. 9(2)]

Requirement for signature

8. Where a rule of law requires a signature, or provides for
certain consequences if a document or a record is not signed, that
requirement is satisfied in relation to an electronic record if —

(a)   a method is used to identify the person and to indicate that
person's intention in respect of the information contained in
the electronic record; and

(b)   the method used is either —

(i)   as reliable as appropriate for the purpose for which the
electronic record was generated or communicated, in
the light of all the circumstances, including any relevant
agreement; or

(ii)   proven in fact to have fulfilled the functions described
in paragraph (a), by itself or together with further
evidence.

Formation and validity of contracts

11.(1) For the avoidance of doubt, it is declared that in the context of the formation of contracts, an offer and the acceptance of an offer may be expressed by means of electronic communications.

(2) Where an electronic communication is used in the formation of a contract, that contract shall not be denied validity or enforceability solely on the ground that an electronic communication was used for that purpose.

Secure electronic signature

18.(1) If, through the application of a specified security procedure, or a commercially reasonable security procedure agreed to by the parties involved, it can be verified that an electronic signature was, at the time it was made —

  (a)   unique to the person using it;

  (b)   capable of identifying such person;

  (c)   created in a manner or using a means under the sole control of the person using it; and

  (d)   linked to the electronic record to which it relates in a manner such that if the record was changed the electronic signature would be invalidated, such signature shall be treated as a secure electronic signature.

(2) Whether a security procedure is commercially reasonable shall be determined in accordance with section 17(2).

Presumptions relating to secure electronic records and signatures

19.(1) In any proceedings involving a secure electronic record, it shall be presumed, unless evidence to the contrary is adduced, that the secure electronic record has not been altered since the specific point in time to which the secure status relates.

(2) In any proceedings involving a secure electronic signature, it shall be presumed, unless evidence to the contrary is adduced, that—

  (a)   the secure electronic signature is the signature of the person to whom it correlates; and

(b)   the secure electronic signature was affixed by that person with the intention of signing or approving the electronic record.

(3) In the absence of a secure electronic record or a secure electronic signature, nothing in this Part shall create any presumption relating to the authenticity and integrity of the electronic record or electronic signature.

[ETA, s. 18]

FIRST SCHEDULE
MATTERS EXCLUDED BY SECTION 4

First column Provision   *Second column Matter*

1.	Part II	The creation or execution of a will
2.	Part II	Negotiable instruments, documents of title, bills of exchange, promissory notes, consignment notes, bills of lading, warehouse receipts or any transferable document or instrument that entitles the bearer or beneficiary to claim the delivery of goods or the payment of a sum of money
3.	Part II	The creation, performance or enforcement of an indenture, declaration of trust or power of attorney, with the exception of implied, constructive and resulting trusts
4.	Part II	Any contract for the sale or other disposition of immovable property, or any

interest in such property

5. Part II   The conveyance of immovable property or the transfer of any interest in immovable property

［協力］Suresh Divyanathan、Cherisse Foo Ling Er
(Oon & Bazul LLP)

6　フィリピン

・・・・・・・・・・・・・・・

1　電子契約の有効性

　フィリピンでは、Electronic Commerce Act of 2000（Republic Act No. 8792。以下「ECA」という）が電子書面を規定する。電子書面（electronic document）とは、「法律上の権利又は義務の創出に関してデータ、数値その他記号を記述した情報であって、電子的に送信、受信、記録、保存、処理等されるもの」と定義されており（ECA第5条 f 号）、同法第7条によって、電子書面は、紙の書面と同様の法的効力及び執行力を有するとされる。

　なお、電子書面と並んで、後に述べる電子署名が付される対象として、電子データメッセージ（electronic data message）という概念が存在し、ECA第5条 c 号において、「電子的、光学的、又は類似の手段によって生成、送信、受信、保存等される情報」と定義される。

　ただし、遺言書等、法令上紙の形式によることが要求されるものについては、電子書面で作成することはできない。

2　電子署名に関する規定

　電子署名について、貿易産業省（Department of Trade and Industry）及び科学技術省（Department of Science and Technology）の共同省令（Joint Administrative Order No. 2 of 2001。以下「規則」

という）第1条は、ECAを引用した上で、電子契約及び電子署名の法的有効性や執行力につき、電子的方法であることを理由に否定してはならないと規定している。このことから、フィリピンにおいて、電子契約及び電子署名は一般的に有効であると解されている。

規則では、電子署名の類型として、electronic signature、secure electronic signature、digital signatureの3種類が規定されている。

まず、electronic signatureは、規則第3条(i)において、「特定人を識別可能な特有の電子的マーク、記号又は音声であって、当該特定人が証明又は承認の意図をもって、電子データメッセージ、電子書面その他当該特定人が採用した方法に添付され又は論理的に結合されたもの」と定義されている。後述のsecure electronic signature及びdigital signatureもこのelectronic signatureに包摂される。

次に、secure electronic signatureとは、規則第3条(p)によれば、electronic signatureのうち、以下の特徴を有するものとされる。

① 署名者に固有であること
② 客観的に署名者を識別可能であること
③ 当該電子署名が、署名者又は署名者のみがコントロールできる方法によって生成され、データに添付されていること
④ 電子署名が、事後的改変を検出できるような方法でデータに紐づけられていること

最後に、digital signatureとは、規則第3条(d)において、electronic signatureのうち、非対称暗号方式の技術を用いて作成されたものであって、当該電子署名の公開鍵に対応する秘密鍵

によって暗号化が行われたこと、及び当該暗号化が行われた後に
電子書面に改変が加えられたか否かを確認できるものを指すとさ
れる。

③ 裁判上の証拠使用の可否

前記の要件を備える電子署名が付された電子書面の証拠と
しての利用については、フィリピン最高裁による Rules on
Electronic Evidence（A.M. No. 01-7-01 SC。以下「REE」という）
が規定している。REE の Rule 5 第 2 条によれば、電子書面及び
電子データメッセージは、以下の条件の下で証拠として認められ
るとされる。

① 署名者と当該電子署名の名義人とが同一であること
② 法令が指定する適切なセキュリティ上の措置が当該電子書
面に用いられていること
③ その他裁判所において認定可能な程度の完全性及び信頼性
を備えていること

④ 実務上のポイント

フィリピンにおける電子契約及び電子署名の利用状況は、未だ
発展途上にある。特に、契約の有効性判断において、契約当事者
間のパワーバランスが斟酌される慣行の中にあって、使用者と労
働者との契約等、一般にパワーバランスに乖離があると考えられ
る契約類型については、電子契約の利用を差し控えるといった傾
向が見られる。

一方で、COVID-19 によって多くの労働者が在宅勤務を強い
られ、自由に外出できない状況となったことで、今後は電子契約
がさらに普及していくことが予想される。

＊以下は「Philippine Law Encyclopedia Third Release 2019」より引用した非公式英訳であり、著作権は CD Technologies Asia, Inc. 及び Accesslaw, Inc. に帰属する。最新の法令の内容を必ずしも反映したものではない。

Electronic Commerce Act of 2000 (Republic Act No. 8792)

Section 5. Definition of terms

For the purposes of this Act, the following terms are defined, as follows:

（略）

(c) **"Electronic Data message"** refers to information generated, sent, received or stored by electronic, optical or similar means.

（略）

(f) **"Electronic document"** refers to information or the representation of information, data, figures, symbols or other modes of written expression, described or however represented, by which a right is established or an obligation extinguished, or by which a fact may be proved and affirmed, which is received, recorded, transmitted, stored, processed, retrieved or produced electronically.

Section 7. Legal Recognition of Electronic Documents

Electronic documents shall have the legal effect, validity or enforceability as any other document or legal writing, and -

(a) Where the law requires a document to be in writing, that requirement is met by an electronic document if the said electronic document maintains its integrity and reliability and can be authenticated so as to be usable for subsequent reference, in that -

    (i)   The electronic document has remained complete and unaltered, apart from the addition of any endorsement and any authorized change, or any change which arises in the normal course of communication, storage and display; and

    (ii)   The electronic document is reliable in the light of the purpose for which it was generated and in the light of all the relevant circumstances.

(b) Paragraph (a) applies whether the requirement therein is in the form of an obligation or whether the law simply provides consequences for the document not being presented or retained in its original form.

(c) Where the law requires that a document be presented or retained in its original form, that requirement is met by an electronic document if -

    (i)   There exists a reliable assurance as to the integrity of the document from the time when it was first generated in its final form; and

    (ii)   That document is capable of being displayed to the person to whom it is to be presented: Provided, That no provision of this Act shall apply to vary any and all requirements of existing laws on formalities required in the execution of documents for their validity.

For evidentiary purposes, an electronic document shall be the functional equivalent of a written document under existing laws.

Joint Administrative Order No. 2 of 2001
Section 1. General Rule of Validity.

As a general rule, and subject to the provisions of the Electronic Commerce Act of 2000 and these Rules,

(a) a signature, contract or other record relating to such transaction may not be denied legal effect, validity or enforceability solely because it is in electronic form; and

(b) a contract relating to such transaction may not be denied legal effect, validity, or enforceability solely because an electronic signature or electronic document was used in its formation.

Section 3. Definitions

For the purposes of these Rules:

（略）

(d) "Digital Signature" is a type of secure electronic signature consisting of a transformation of an electronic document or an electronic data message using asymmetric or public cryptosystem such that a person having the initial untransformed electronic document and the signer's public key can accurately determine;

    (i)   whether the transformation was created using the private key that corresponds to the signer's public key; and

    (ii) whether the initial electronic document had been altered after the transformation was made.

（略）

(i) "Electronic signature" refers to any distinctive mark, characteristic and/or sound in electronic form, representing the identity of a person, and attached to or logically associated with the electronic data message or electronic document or any methodology or procedures employed or adopted by a person and executed or adopted by such person with the intention of authenticating or approving an electronic data message or electronic document. For purposes of these Rules, electronic signatures include digital signatures and secure electronic signatures.

（略）

(p) "Secure Electronic Signature" means an electronic signature which is created and can be verified through the application of a security procedure or combination of security procedures that ensures such electronic signature:

    a. is unique to the signer;

    b. can be used to identify objectively the signer of the data message

    c. was created and affixed to the date message by the signer or using a means under the sole control of the signer; and

    d. was created and is linked to the data message to which it relates in a manner such that any change in the data message would be revealed.

For purposes of these Rules, secure electronic signatures include but is not necessarily limited to digital signatures.

（略）

Rules on Electronic Evidence (A.M. No. 01-7-01 SC)

Rule 1 Definition of Terms and Construction
SECTION 1. Definition of Terms.

For purposes of these Rules, the following terms are defined, as follows:

（略）

(g) "Electronic data message" refers to information generated, sent, eceived or stored by electronic, optical or similar means.

(h) "Electronic document" refers to information or the representation of information, data, figures, symbols or other modes of written expression, described or however represented, by which a right is established or an obligation extinguished, or by which a fact may be proved and affirmed, which is received, recorded, transmitted, stored, processed, retrieved or produced electronically. It includes digitally signed documents and any print-out or output, readable by sight or other means, which accurately reflects the electronic data message or electronic document. For purposes of these Rules, the term "electronic document" may be used interchangeably with "electronic data message".

Rule 5 Authentication of Electronic Documents
Section 2. Manner of authentication.

– Before any private electronic document offered as authentic is received in evidence, its authenticity must be proved by any of the following means:

(a) by evidence that it had been digitally signed by the person purported to have signed the same;

(b) by evidence that other appropriate security procedures or devices as may be authorized by the Supreme Court or by law for authentication of electronic documents were applied to the document; or

(c) by other evidence showing its integrity and reliability to the satisfaction of the judge.

［協力］Carrie Bee Hao （Romulo Law Firm）

7 タイ

....

1 電子契約の有効性

タイでは、Electronic Transactions Act B.E.2544 (2001)（以下「ETA」という）に従う限り、電子契約は法律上適法な形式であり、電子契約の形式によって契約を締結することが可能である（ETA第7条及び第8条）。

ただし、国王令（Royal Decree Prescribing Civil and Commercial Transactions Exempted from Enforcement under Law Governing Electronics Transactions BE. 2549 (2006)）により、親族・相続に関する契約については、電子契約の形式で締結できないと規定されている。

2 電子署名に関する規定

ETA第26条によれば、電子署名の有効性が法的に認められるには、以下の要件のすべてを満たす必要がある。

① その電子署名が、当該データ内で利用されている範囲において、その電子署名の署名者にのみ紐づけられていること

② 署名時において、その電子署名が署名者により管理されており、それ以外の者の管理下にないこと

③ 署名後、電子署名に対して行われた変更が検出できること

④ 電子署名について、データに記載された情報の完全性を保

証することが法律上要求されている場合、電子署名が付された時以降のデータ内容変更の有無が検証できること

③ 裁判上の証拠使用の可否

タイ法上、電子契約の形式で締結された契約は、裁判所に証拠として提出することが可能である。契約が電子契約の形式で締結されているという理由で、証拠能力が否定されることはなく、証拠法上の要件を充足している限り、裁判上の証拠として使用できる。

電子署名の信頼性について裁判で争いになった場合、当事者は、当該電子署名が前記②に掲げた①～④の要件を満たしていることを立証する必要があるが、当該要件の充足性認定については裁判所に裁量が与えられている。

このように、電子署名を用いて契約を締結した場合、その証拠能力が認められるかどうかについては不確実性が残るため、タイでは電子署名の普及があまり進んでいない。

④ 実務上のポイント

(1) 法的には、基本的に、電子契約の形式による締結が可能である。しかし、前記②で述べたとおり、電子契約に関連して法的紛争が発生した場合に、その電子契約を証拠として利用することができるのか、裁判所がこれを証拠としてどの程度重視するのか、といった点が不明確である。したがって、現状では紙の形式で契約を締結することが推奨される。もっともEコマースやオンラインサービスの提供に関する契約については、一般的に電子契約が利用される傾向にある。

(2) COVID-19の影響による電子契約に関する立法上の動き

はない。なお、他の法律で言えば、近時、会社取締役による電話会議やオンライン会議が認められるようになる（Electronic Meeting Royal Ordinance B.E. 2563 (2020 C.E.)）など、電子化に向けた動きも一部で見受けられる。

●参照条文（抜粋・非公式英訳）
＊以下は参照のため非公式に英訳したものである。公式の法令の最新の内容を必ずしも忠実に反映したものではない。

Electronic Transactions Act, B.E. 2544 (2001)

Chapter 1   Electronic Transactions
Section 7. Information shall not be denied legal effect and enforceability solely on the ground that it is in the form of a data message.

Section 8. Subject to the provision of Section 9, in the case where the law requires any transaction to be made in writing, to be evidenced in writing or supported by a document which must be produced, if the information is generated in the form of a data message which is accessible and usable for subsequent reference without its meaning being altered, it shall be deemed that such information is made in writing, is evidenced in writing or is supported by a document.

Section 9. In the case where a person is to enter a signature in a writing, it shall be deemed that such data message bears a signature if:
　　(1) the method used is capable of identifying the signatory and indicating that the signatory has approved the information contained in such data message as being his own; and
　　(2) such method is a reliable one and appropriate for the purpose for which the data message is generated or sent, having regard to the surrounding circumstances or an agreement between the

parties.

Chapter2 Electronic Signatures

Section 26. An electronic signature is considered to be a reliable electronic signature if it meets the following requirements:

(1) the signature creation data are, within the context in which they are used, linked to the signatory and to no other person;

(2) the signature creation data were, at the time of signing, under the control of the signatory and of no other person;

(3) any alteration to the electronic signature, made after the time of signing, is detectable; and

(4) where a purpose of the legal requirement for a signature is to provide assurance as to the completeness and integrity of the information and any alteration made to that information after the time of signing is detectable.

［協力］ Jonathan J. Uchima、Kulnisha Srimontien、
Sophon Pathumratworakun、Natsima Warintarawet
(Price Sanond)

8 マレーシア

●●●●●●●●●●●●●●●●

① 電子契約の有効性

(1) マレーシアでは、Electronic Commerce Act 2006（以下
「ECA2006」という）により、電子契約の形式による契約も法的
に有効とされている。ECA2006 の第 7 条 1 項では、契約の締結
に際して、申込み、承諾、申込みと承諾の撤回、及びこれらに関
連する意思の伝達は、電子メッセージで行うことができると規
定されている。電子メッセージについては、ECA2006 第 5 条に
おいて「電子的手段によって生成、送信、受信又は保存された情
報」と定義されている。

(2) ただし、以下の文書については、電子契約の有効性につい
て規定した ECA2006 の第 2 章が適用されないため、電子契約の
形式を用いることができない（ECA2006 別紙）。

① 委任状
② 遺言書及びこれに関連する文書の作成
③ 信託の設定に関する文書
④ 流通証券

② 電子署名に関する規定

(1) 電子署名（後掲の非公式英訳では electronic signature に対応
する。以下同じ）は、「人が記号として認識することのできる、電

子的方法により作成された文字、記号、数字、音声、その他の符号やこれらの組み合わせ」と定義されている（ECA2006第5条）。ECA 2006 に関する裁判例の数は多くないものの、SMS（ショートメッセージ）が電子署名に該当すると裁判所が判断した例もある[13]。

ECA2006第9条1項では、以下の要件をすべて満たす電子署名が付されている場合、文書に対する署名として法律上求められる要件を満たすと規定されている。

① 電子メッセージに添付されているか、又は論理的に関連付けられていること

② 電子署名の署名者を適切に識別し、電子署名が付された文書の内容に対する当該署名者の承認を適切に示すものであること

③ 署名が必要とされる目的や状況に応じた電子署名の信頼性が付与されていること

(2) さらに、Digital Signature Act 1997（以下「DSA1997」という）において、digital signature という署名類型が別途規定されている。digital signature は上記(1)で説明した電子署名よりも狭い概念であり、認証局により発行された電子証明書により認証された公開鍵暗号方式を使用した電子署名がこれにあたる（DSA1997第2条1項）。ECA2006第10条では、法律上捺印が要求される文書を電子メッセージの形式で作成する場合、そこにDSA1997に基づく digital signature が付されることにより法律の要件が満たされる旨規定されている。

| 13) 　Yam Kong Seng & Anor v Yee Weng Kai [2014] 4 MLRA 316

③ 裁判上の証拠使用の可否

　電子契約の形式により作成された契約書は証拠法により、裁判において証拠として用いることが可能である。証拠法においては、文書の内容は原則として原本によって証明されなければならないとされているところ、電子契約の形式により作成された契約書も原本とみなす旨規定されている。

④ 実務上のポイント

　(1)　土地、融資などの重要な契約については、紙の契約書やその他の文書の原本を交換し、保管しておくことが強く推奨される。また、契約の対象になっている取引の重要性に応じて、ケースバイケースで判断し、契約書や原本の交付の必要性を判断する必要がある。

　(2)　また、ほとんどの契約の印紙税はオンラインで支払可能であるが、オンライン上の印紙システムについては、会社が当局に口座を登録した場合にのみ使用できる。会社がオンラインで口座を登録していない場合には、契約書の原本の写しが必要となるため、そのような場合には電子契約ではなく紙の契約書で契約を締結すべきことになる。

　(3)　マレーシアでは、COVID-19 の流行前から、署名済みのコピーをスキャンして最初に電子メールで交換し、原本を後ほど郵送する方法で契約を締結することが一般的であった。

●参照条文（抜粋・非公式英訳）
＊以下は参照のための非公式英訳である。公式の法令の最新の内容を必ずしも忠実に反映したものでない可能性がある。

5. Interpretation

In this Act, unless the context otherwise requires—

　（略）

"electronic message" means an information generated, sent, received or stored by electronic means;

　（略）

"electronic signature" means any letter, character, number, sound, or any other symbol or any combination thereof created in an electronic form abopted by a person as a signature;

Formation and validity of contract

7. (1) In the formation of a contract, the communication of proposals, acceptance of proposals, and revocation of proposals and acceptances or any related communication may be expressed by an electronic message.

(2) A contract shall not be denied legal effect, validity or enforceability on the ground that an electronic message is used in its formation.

Signature

9. (1) Where any law requires a signature of a person on a document, the requirement of the law is fulfilled, if the document is in the form of an electronic message, by an electronic signature which

    (a) is attached to or is logically associated with the electronic message;

    (b) adequately identifies the person and adequately indicates the person's approval of the information to which the signature relates; and

    (c) is as reliable as is appropriate given the purpose for which, and the circumstances in which, the signature is required.

(2) For the purposes of paragraph (1)(c), an electronic signature is as reliable as is appropriate if

  (a) the means of creating the electronic signature is linked to and under the control of that person only;

  (b) any alteration made to the electronic signature after the time of signing is detectable; and

  (c) any alteration made to that document after the time of signing is detectable.

(3) The Digital Signature Act 1997 [Act 562] shall continue to apply to any digital signature used as an electronic signature in any commercial transaction.

10. Seal

(1) Where any law requires a seal to be affixed to a document, the requirement of the law is fulfilled, if the document is in the form of an electronic message, by a digital signature as

provided under the Digital Signature Act 1997.

(2) Notwithstanding subsection (1), the Minister may, by order in the Gazette, prescribe any other electronic signature that fulfills the requirement of affixing a seal in an electronic message.

Schedule

[Section 2]

This Act shall not apply to the following transactions or documents:

  1. Power of attorney

  2. The creation of wills and codicils

  3. The creation of trusts

  4. Negotiable instruments

Digital Signature Act 1997

2. Interpretation

(1) In this Act, unless the context otherwise requires—

  （略）

"digital signature" means a transformation of a message using an asymmetric cryptosystem such that a person having the initial message and the signer's public key can accurately determine—

(a)   whether the transformation was created using the private key that corresponds to the signer's public key; and

(b)   whether the message has been altered since the transformation was made;

［協力］Dinesh Sadhwani（Dinesh Sadhwani & Co）

9　インドネシア

・・・・・・・・・・・・・・・・・

①　電子契約の有効性

(1)　インドネシア法上、電子契約が有効と認められるためには、次のような条件を満たす必要がある。

①　基礎的な要件

Government Regulation No. 71 of 2019 regarding Implementation of Electronic System and Transaction（以下「政府規則2019年第71号」という）の第1条17項によれば、電子契約は電子システムを通じて作成される当事者間の契約であり、電子契約が有効であるためには、以下の要件を満たす必要がある（同規則第46条2項）。

(a)　当事者間の合意が存在すること

(b)　契約を締結する能力又は法令の規定に基づく代理権限を有する当事者によって作成されること

(c)　合意内容が確定したものであること

(d)　取引の目的が法令又は公序良俗に反しないこと

②　インドネシア語の使用

同規則第47条1項によると、電子契約について、当事者がインドネシア国籍である場合には、契約書をインドネシア語で作成しなければならないとされている。

③　必要的記載事項

同規則第 47 条 3 項に列挙する事項（当事者を特定する情報、契約の目的、解除の手続等）を含んでいる必要がある。

④　電子システムの使用

Law No. 11 of 2008 regarding Electronic Information and Transaction as amended by Law No. 19 of 2016（以下「法律 2008 年第 11 号」という）第 5 条 3 項によると、電子契約及び電子文書は、法の規定に従った電子システムを利用する場合に有効とされる。

ここに、電子文書とは、コンピュータ又は電子システムによって作成される電子情報で、音声、画像、地図、写真、文字、数字、記号その他可読性を有するものを含む（同法第 1 条 4 項）。同条第 17 項によると、電子契約は電子システムを通じて作成されるものであることから、電子契約は電子文書に含まれるものと解釈される。

⑵　電子契約を使用できない類型

電子署名を使用することができる類型は、①電子取引に分類される契約、②法律上書面によることが要求されない契約、③公正証書や捺印証書の形式によることを要求されていない契約の 3 つである。これ以外の契約については、電子契約を使用することができない。

具体例を挙げると、例えば、雇用契約、株式移転契約、土地を譲渡する契約などは電子契約を使用することができない。

②　電子署名に関する規定

⑴　法律 2008 年第 11 号第 1 条 12 号によると、電子署名とは、他の電子情報に附属し又は紐づけられた電子情報で、認証・検証

の手段として使用されるものをいう（同法第1条12号）。電子署名は次の要件を満たす場合に有効とされる（同法第11条1項）。

① 電子署名を作成するためのデータが、署名者のみに関連するものであること

② 電子署名生成に必要なデータが署名者単独の管理下にあること

③ 署名後に発生した電子署名の変更を検知できること

④ 署名後に発生した電子署名に関連する電子情報の変更を検知できること

⑤ 署名者が誰であるかを特定するための方法があること

⑥ 電子署名を付す電子情報について署名者が承認したことを示す方法があること

(2) インドネシア法上、電子署名は Uncertified Electronic Signature と Certified Electronic Signature の2種類に区分される。Certified Electronic Signature はより安全性の高い電子署名であり、前記(1)に掲げる電子署名の有効要件①〜⑥に加え、インドネシアの電子認証事業者の電子認証を使用し、電子署名生成デバイスを使用しなくてはならない（政府規則2019年第71号第60条3項）。これに対し、Uncertified Electronic Signature は、インドネシアの電子認証事業者による認証を使用しない電子署名である（同条4項）。

③ 裁判上の証拠使用の可否

法律2008年第11号第5条1項及び2項によれば、電子情報及び電子文書並びにその印刷物は、証拠として有効である。

法律上は特に明記されていないが、Certified Electronic Signature のほうがより強い証拠価値を有するものと考えられる。

④ 実務上のポイント

(1) インドネシアにおいては、Eコマース分野を除き、ビジネス分野における電子契約の使用は比較的少ない。また、COVID-19による規制緩和、利用促進の動きも特に見られない。

(2) 基本的に、Eコマース等の電子取引に属する分野以外では、紙の契約を用いることが推奨される。本稿執筆時点（2020年7月）では、裁判所の電子署名に対する理解が十分に醸成されておらず、その有効性を巡って争いが生じる懸念がある。

●参照条文（抜粋・非公式英訳）

＊以下は参照のため非公式に英訳したものである。公式の法令の最新の内容を必ずしも忠実に反映したものでない可能性がある。

Government Regulation No. 71 of 2019 regarding Implementation of Electronic System and Transaction

Article 1

17. Electronic Contract is an agreement of the parties which is made through an Electronic System.

Article 46

(1) An Electronic Transaction may be conducted based on an Electronic Contract or other contractual forms as a form of agreement which is conducted by the parties.

(2) An Electronic Contract shall be deemed valid if:
    (a) there is an agreement between the parties;
    (b) is conducted by a legal subject which is capable or authorized to represent in accordance with laws and regulations;
    (c) there are certain matters; and
    (d) transaction object must not contradict with laws and regulations, decency, and public order

Article 47

(1) The Electronic Contract and other contractual forms as referred to in Article 46 paragraph (1) which is addressed to Indonesian citizens shall be drawn up in Bahasa Indonesia.

(2) The Electronic Contract which is drawn up with a standard clause shall be in accordance with provisions on standard clause as regulated in laws and regulations.

(3) Electronic Contract shall at least consist of:
  (a) data of the parties' identities;
  (b) object and specification;
  (c) requirements for Electronic Transaction;
  (d) price and costs;
  (e) procedures in the event that there is a cancellation by the parties;
  (f) provisions which grant a right to the injured party to return the goods and/or request a
  (g) replacement product if there is a latent defect; and
  (h) choice of law for the settlement of Electronic Transaction.

Article 59

(1) A Digital Signature which is utilized in Electronic Transaction may be produced through various signing procedures.

(2) In the event that the utilization of a Digital Signature represents a Business Entity, its Digital Signature is referred to as an electronic seal.

(3) The Electronic Signature as referred to in paragraph (1) and paragraph (2) shall have valid legal force and legal implications insofar that it fulfills the following requirements:
  (a) Electronic Signature Producing Data is only related to the Signer;
  (b) Electronic Signature Producing Data upon the electronic signing process is only in the authority of the Signer;
  (c) any changes to the Electronic Signature which occur after the singing is discoverable;

(d) any changes to the Electronic Information which is related to such Electronic Signature after the signing is discoverable;

(e) there are certain methods which are used to identify who is the Signer; and

(f) there are certain methods to show that the Signer has provided approval for the relevant Electronic Information.

Article 60

(1) An Electronic Signature shall function as the authentication and verification for:

(a) the identity of the Signer; and

(b) the integrity and authenticity of Electronic Information.

(2) An Electronic Signature shall consist of:

(a) a certified Electronic Signature; and

(b) an uncertified Electronic Signature.

(3) The Certified Electronic Signature as referred to in paragraph (2) letter a shall

(a) fulfill the validity of legal force and legal implications of a Electronic Signature as referred to in Article 59 paragraph (3);

(b) utilize an Electronic Certificate which is made by the service of the Indonesian Electronic Certification Provider; and

(c) be made by using a certified Electronic Signature Producing Device.

(4) The Uncertified Electronic Signature as referred to in paragraph (2) letter b is made without using the services of the Indonesian Electronic Certification Provider.

Law No. 11 of 2008 regarding Electronic Information and Transaction as amended by Law No. 19 of 2016

Article 1

（略）

4. "Electronic Record" means any Electronic Information that is created, forwarded, sent, received, or stored in analog, digital, electromagnetic, optical form, or the like, visible, displayable and/or audible via Computers or Electronic Systems, including but not limited to writings, sounds, images, maps, drafts, photographs or the like, letters, signs, figures, Access Codes, symbols or perforations having certain meaning or definition or intelligible to persons who are able to understand them.

（略）

12. "Electronic Signature" means a signature that contains Electronic Information that is attached to, associated or linked with other Electronic Information that is used for means of verification and authentication.

Article 5

(1) Electronic Information and/or Electronic Records and/or the printouts thereof shall be lawful means of proof.

(2) Electronic Information and/or Electronic Records and/or the printouts thereof as referred to section (1) shall be the expanded lawful means of proof in accordance with the Law of Procedure prevailing in Indonesia.

Article 11

(1) Electronic Signatures shall have lawful force and legal effect of law if satisfying the following requirements:

  (a) Electronic Signature-creation data shall be associated only with the Signatories/Signers;

  (b) Electronic Signature-creation data shall, during the electronic signing process, be in the possession of the Signatories/

Signers only;

(c) Any alteration in Electronic Signatures that occur after the signing time is knowable;

(d) Any alteration in Electronic Information associated with the Electronic Signatures after the signing time is knowable;

(e) There are certain methods adopted to identify the identity of the Signatories/ Signers; and

(f) There are certain methods to demonstrate that the Signatories/Signers have given consent to the associated Electronic Information;

[協力] Yuvensius Pranata、Akur Zaenal Arifin
(Yuven & Partners)

10　ベトナム

・・・・・・・・・・・・・・・・

① 電子契約の有効性

（1）　ベトナム法上、電子契約の形式により締結された契約
は、紙媒体により締結された契約同様、法的に有効である。電
子契約は、Law on E-transactions 2005（以下「LOET」という）
上、データメッセージの形式で作成された契約と定義されている
（LOET 第33条）。データメッセージとは、電子、磁気、光学等
の技術又は類似の技術に基づいて動作する手段によって作成、送
信、受信、保存された情報を意味する（同第4条12号）。

（2）　ベトナム法上、電子契約が法的に有効となるためには、
LOET 上の要件だけでなく、契約に関して、法律上、一般的に
定められている要件を満たす必要がある。具体的には、下記の要
件をすべて満たしていることが必要である。

①　契約当事者について

契約の当事者が、民法（Civil Code 2015）上の意思能力及び行
為能力を有しており、自発的に契約を締結していること。

なお、この点に関して、電子契約に電子署名が付されている場
合は、署名者の身元と、署名された電子契約の内容をその署名者
が承認したことを証明することで、この要件を満たすことができ
る。

② 契約内容について

契約内容が法律や社会的倫理に違反していないこと。

③ 契約の形式について

民法によると、契約は口頭、書面、行為によって成立させることができ、LOETに基づきデータメッセージの形式で契約が成立した場合は、書面で成立したものとみなされる。

(3) また、LOET上、当事者には電子署名を用いるかどうかを選択する権利があるとされているため（LOET第23条1項）、電子署名を使用する場合は、事前に相手方への通知と同意を得る必要がある。

(4) 他方で、民法では、他の法律等により、一定の契約類型について、契約の有効要件を追加で規定することができると定められている（公正証書や登録を要求する等）。例えば、法律により契約締結に際して公証が要求されている場合、当事者は公証人の立会いの下で署名する必要があるため、電子契約はこの要件を満たさず、電子契約の形式により契約を締結することはできない。

なお、契約締結時の公証が要求される例としては、住宅の売買、贈与、交換、担保権の設定、商業用住宅の売買契約その他譲渡等の住宅に関する契約や、土地利用権の譲渡、贈与、担保権の設定等の土地利用権に関する契約がある。しかし、どの契約が公証や登録の対象になっているかを一覧できるリストは存在しないため、都度、確認することが必要である。

② 電子署名に関する規定

(1) ベトナムにおいて、電子署名は、文字、数字、記号、音声その他の電子的形式で、データメッセージに論理的に添付され、又は関連付けられた、署名者の特定が可能であり、かつ当該署名

者が契約内容を承認していることを証明する能力を有するもの、と定義されている（LOET第21条1項）。法令上書面に署名が要求される場合、電子署名について以下の条件を満たす必要がある（LOET第24条1項）。

① 署名者を特定し、その署名者が電子契約の内容を承認していることを示すことができる方法により電子署名が生成されていること

② 当該生成方法が、電子契約の作成・送付の目的に照らして十分な信頼性が確保された適切な方法であること

⑵ Digital signature

⒤ ベトナム法では、さらにDecree 130/2018/ND-CPにおいてdigital signatureが定義されている。digital signatureとは、データで作成されたメッセージを、非対称暗号方式で変換して作成した電子署名で、元のメッセージと署名者の公開鍵を取得した者が、下記2点を正確に把握できるものをいう（Decree 130/2018/ND-CP第3条6号）。

① 非対称暗号方式による暗号化が、その公開鍵に対応する正しい秘密鍵で行われていること

② 前記の暗号化を行った時点から、メッセージの内容の完全性が確保されていること

digital signatureは、電子署名の一種であるが、前記のとおり公開鍵暗号方式を用いる点に特色がある。

⒤ⅰ 電子契約にdigital signatureが付されている場合、それが、Decree 130/2018/ND-CP第9条に規定されている下記の要件を満たすのであれば、当該電子契約は法的に有効であるとされている（Decree 130/2018/ND-CP第8条）。

① 電子署名が、電子証明書の有効期間中に作成されたものであり、かつ、当該電子証明書に記録された公開鍵で確認可能であること

② 電子署名が、国等による認定を受けた認証事業者が発行した電子証明書に記録された公開鍵に対応する秘密鍵を用いて作成されていること

③ その電子署名に対応する秘密鍵が、署名の時点で署名者の単独の管理下にあること

なお、2020年3月時点で、ベトナムにおいて公的な電子署名認証サービス（前記②）を提供するライセンスを取得している事業者は、VNPT-CA、BKAV-CA、FPT-CA、Viettel-CA、Safe-CA、SmartSign（VinaCA）、CA2（Nacencom）、Newtel-CA、EFY-CA、TrustCA、MISA-CA、CMC-CA、NC-CA、LCS-CA、EasyCAの15社のみである。

(iii) 法律上、文書への署名又は捺印が要求されている場合において、そのような文書を電子契約の形式で作成するときは、digital signature によって署名されなければならない。そのため、契約の当事者は、digital signature が必要となるのか、それ以外の電子署名の使用が可能なのかを確認するために、文書の類型ごとの形式要件を確認する必要がある。

③ 裁判上の証拠使用の可否

(1) ベトナム法上、電子契約の証拠能力が認められるためには、適用法令上の要件を満たす必要がある。原則として、裁判所は、訴訟手続において、当該訴訟に適用される法律を適用して、当事者から提出された証拠の証拠能力の有無を判断する。この場合、商業上の紛争解決に関する一般的な法的枠組みについては民

事訴訟法（Civil Proceeding Code 2015）に、電子契約については
LOET に定められている。

(2) 民事訴訟法第94条1項によると、電子契約が契約書の原本と同様の証拠能力を有するには、下記2つの要件を満たすことが必要である。なお、電子契約の証拠としての有効性の判断については裁判所が裁量を有しているため、注意が必要である。

① 電子契約の内容（電子契約に含まれる情報）にアクセス可能であり、必要なときに完全な形で利用可能できること

② 電子契約の内容について、契約の作成時からその内容の完全性が確実に保証されていること（完全性及び確実性）。

  (i) 完全性の要件については、電子契約の送信、保管、表示の過程でその外観に変化が生じた場合を除き、確保されているものとみなされる（Decree 52/2013/ND-CP 第9条）。

  (ii) 確実性の要件については、法律上明確な規定はないものの、商取引における電子契約については、電子契約の当事者が相互に合意した上で、次のいずれかの措置を講じた場合には、確実性が存在するものとみなされる。

  (a) 正規に認可された電子署名認証事業者が付与した電子署名で電子契約を締結すること

  (b) 当事者の合意に従い、電子契約を正規に認可された電子契約認証サービスプロバイダに保存すること

  (c) 電子契約の作成、送信及び保存のためのインフラを提供する業者から、システムへの送信中・保存中の電子契約の内容の完全性についての保証があること

  (d) その他当事者間で合意した措置

(3) なお、digital signature とそれ以外の電子署名との間で、証拠価値が法律上明確に区別されているわけではない。もっとも、

digital signature に関しては、Decree 130/2018/ND-CP 第 9 条に基づく要件を満たし、安全性が確保されている場合にのみ、法的に有効とされていることを踏まえると、当該要件を満たさないものについては、証拠能力が認められない可能性がある。

④ 実務上のポイント

(1)　ベトナムでは、未だに電子契約よりも紙の契約書、手書きの署名、印鑑の使用が一般的である。また、ベトナムの大半の政府機関が電子署名に慣れていないことを考慮すると、当局への登録が必要な契約（知的財産権のライセンス契約等）等、当事者の取引に影響を与えたり、遅延させるリスクがあったりする契約については、紙媒体での契約締結及び手書きでの署名を付すことが推奨される。

(2)　前述のとおり、ベトナムではこれまで電子契約は広く知られておらず、ビジネスの現場でも利用されていなかった。しかし、今般の COVID-19 の影響により、多くの企業は、電子署名への移行を検討し、関心を示している。

●参照条文（抜粋・非公式英訳）
＊以下は参照のため非公式に英訳したものである。公式の法令の最新の内容を必ずしも忠実に反映したものでない可能性がある。

Law on E-transactions 2005

Article 22. Conditions to ensure security of e-signatures
1.　An e-signature shall be deemed as being secured if [it] is verified by a security verifying process agreed by transacting parties and satisfied the following conditions:
　　(a)　E-signature creation data is attached only to the signatory in

the context that such data is used;

    (b)   E-signature creation data is only under the control of the signatory at the time of signing;

    (c)   All changes to the e-signature after the time of signing are detectable.

    (d)   All changes to the contents of the data message after the time of signing are detectable.

2.   E-signatures certified by an e-signature certification service providing organization shall be considered as meeting all the security conditions as set out in clause 1 of this Article.

Article 23. Principles of using e-signatures

1.   Unless otherwise provided by the laws, the parties to the transaction have rights to enter into agreement:

    (a)   To use or not to use e-signatures to sign data message in the process of transactions.

    (b)   To use or not to use certified e-signatures.

    (c)   To select an e-signature certification service providing organization in case there is an agreement to use certified e-signatures.

2.   E-signatures of the State bodies must becertified by e-signature certification service providing organizations stipulated by the State bodies.

Article 24. Validity of e-signatures

1.   Where the law requires a written document to have a signature such requirement with respects to a data message is regarded as being met if the e-signature used to sign such data message satisfies the following conditions:

    (a)   The method creating the e-signature permit [such method] to identify that person and to indicate that person's approval of the contents of the data message;

    (b)   Such method is sufficiently reliable and appropriate for the purpose for which the data   message was generated and communicated.

2. Where the law requires a written document to have a seal of the agency or organization,

such requirement with respects to a data message is regarded as being met if such date message is signed by the agency or organization that meets all the requirements set out in Article 22.1 of this Law and that e-signature has been certified.

3. The Government shall make specific provisions for the management and use of e-signatures of agencies and organizations.

Article 33. E-contracts

E-contracts are contracts established in the form of data messages in accordance with the provisions of this Law.

Article 34. Recognition of validity of e-contracts

Validity of an e-contract shall not be denied for the sole reason that such contract is in the form of a data message.

VIETNAM DECREE 130/2018/ND-CP

Article 3. Interpretation of terms

In this Decree, the terms below are construed as follows:

(略)

6. "Digital signature" is a form of electronic signature created by the conversion of a data message using an asymmetric cryptographic system whereby the person obtains the original and locked data message. The signature of the signatory can be determined exactly:

(a) The above transformation is generated by the right secret key corresponding to the public key in the same key pair;

(b) The content integrity of the data message since the implementation of the above transformation.

(略)

Article 8. Legal validity of digital signatures

1. In cases where the law requires a document to be signed, the request for a data message is deemed to be met if the data message is signed with a digital signature and that digital signature is guaranteed. safety as prescribed in Article 9 of this Decree.

2. In cases where the law requires documents to be stamped by the organizer, that requirement for a data message is considered to be met if the data message is signed by the agency digital signature. , that organization and digital signature are kept secure in accordance with Article 9 of this Decree.

3. Foreign digital signatures and digital certificates licensed for use in Vietnam under the provisions of Chapter V of this Decree are as valid and valid as digital signatures and digital certificates provided by organizations. public digital signature authentication service of Vietnam.

Article 9. Conditions for ensuring security for digital signatures

1. Digital signatures are considered secure digital signatures when meeting the following conditions:

2. A digital signature is generated during the period of validity of a digital certificate and can be verified by the public key indicated on that digital certificate.

3. Digital signature is created by using the secret key corresponding to the public key written on the digital certificate issued by one of the following organizations:
    (a) National digital signature authentication service provider;
    (b) Specialized digital signature authentication service provider;
    (c) Public digital signature authentication service provider; and
    (d) Specialized digital signature authentication service providers of agencies and organizations that are granted the certificates of eligibility to ensure safety for specialized digital signatures are specified in Article 40 of this Decree.

4. The secret key is only under the control of the signer at the time

of signing.

VIETNAM DECREE NO. 52/2013/ND-CP ON E-COMMERCE

Article 9. Legal validity as the original

1. E-documents in commercial transactions are legally valid as the original if fully meeting the following two conditions:
   (a) There is a reliable assurance of the integrity of information contained in e-documents from the time the information is first generated in the form of e-document;
   (b) Information contained in the e-document is accessible and usable in complete form when necessary.

2. The criteria for assessing the integrity of information are completeness and unalteredness, apart from changes in the form arising in the process of communication, storage or display of the e-document.

3. The criteria of reliability assurance are when one of the following measures is applied on the basis of agreement between parties exchanging and using the e-document:
   (a) Signing the e-document with the digital signature granted by a lawful digital signature certification service provider;
   (b) Storing the e-document in the system of a licensed e-contract certification service provider that the parties have agreed to select;
   (c) There is an assurance from the trader or organization providing infrastructure for the generation, sending and storage of the e-document about the integrity of the information contained in the e-document during the sending and storage in the system;
   (d) Other measures as agreed upon by the parties.

[協力] Nguyen Anh Tuan (LNT & Partners)

11 インド

・・・・・・・・・・・・・・・・

① 電子契約の有効性

(1) インドにおいて、電子契約は一般に有効とされている。情報技術法（Information Technology Act, 2000）第 10A 条によれば、電子的な方法で行われた申込みや承諾等の法律行為等について、電子的な方法において行われたことを理由にその効力を否定してはならない、とされている。このことから、意思表示の合致、目的の適法性や当事者の自由意思といった、契約法（Indian Contract Act, 1872）第 10 条等に規定される一般性要件さえ備えていれば、電子契約は有効とされる。

また、情報技術法第 4 条では、基本的に、法令において書面での契約締結が要求される契約群について、事後的にその内容を確認できることを条件として、電子契約として締結することができると規定されている。

(2) ただし、例外的に、以下の書面については、電子契約（電子書面）によって行うことが認められていない。

① 有価証券法（Negotiable Instruments Act, 1881）における、小切手を除く有価証券

② 委任状

③ 信託

④ 相続法（Indian Succession Act, 1925）における遺言書

⑤　不動産に関する売買又は譲渡に関する契約

②　電子署名に関する規定

情報技術法上、electronic signature と digital signature の2つの類型が存在している。electronic signature は、情報技術法第2条1項 ta 号において、同法別紙2所定の電子的技術を活用した、特定の電子記録（electronic record）の認証方法と定義されている。

同法別紙2における、電子署名を構成する電子的技術については、関係省令の通達に基づいて決せられるものとされている。もっとも、現在までのところ、具体的な電子的技術の詳細について規定した通達は発布されていない。

digital signature とは、非対称暗号方式及びハッシュ関数を用いて、当局（Certifying Authority）より認証（Digital Signature Certificate）を受けたものとされる（情報技術法第2条1項 p 号、第3条）。なお、digital signature の取得・認証方法として、インド版マイナンバー制度である Aadhaar における本人確認方法を利用したものが、関係当局の通達（Electronic Signature or Electronic Authentication Technique and Procedure Rules, 2015）において紹介されている。

③　裁判上の証拠使用の可否

インド法上、電子契約等の電子文書を証拠として使用することは可能である。証拠法（Indian Evidence Act, 1872）第65B条では、電子文書を裁判上証拠として活用するためには、当該電子文書の作成に利用されたコンピュータが作成当時において定期的に利用されていたことや、コンピュータの出力の正確性等の満たす

べき要件が定められている。

　なお、法律上、electronic signature と digital signature の証拠能力については、特に区別されていない。

　インドでは、契約書の印紙税について注意する必要がある。印紙税法（Indian Stamp Act, 1899）第 35 条によれば、法律上作成された文書につき、同法によって印紙の貼付が必要とされる場合、正しい印紙の貼付が行われないと、当該文書の効力が認められないとされる。したがって、印紙が貼付されていない契約書は、証拠として活用することもできない。

　連邦政府は、電子印紙（e-stamp）の管理につき、インド産業金融公社（Industrial Finance Corporation of India Ltd.）の子会社である Stock Holding Corporation of India Ltd. を指名しているが、現在までに、電子印紙が利用可能な対象は限られているため、注意が必要である。

④　実務上のポイント

　インドにおける電子契約の導入は未だ発展途上である。これまでの裁判例を概観すると、電子メールによる契約の締結を認めた最高裁の裁判例が存在する一方で、特に当事者間のパワーバランスの不均衡が認められるケースで、契約の目的適合性等の一般原則違反を理由に契約の有効性を否定した裁判例も散見されるため、注意が必要である。

● **参照条文（抜粋・非公式英訳）**

＊以下は参照のため非公式に英訳したものである。公式の法令の最新の内容を必ずしも忠実に反映したものでない可能性がある。

Information Technology Act, 2000

Section 2. Definitions

(1) In this Act, unless the context otherwise requires,—

　（略）

　　(ta) "electronic signature" means authentication of any electronic record by a subscriber by means of the electronic technique specified in the Second Schedule and includes digital signature;

　（略）

Section 4. Legal recognition of electronic records.

Where any law provides that information or any other matter shall be in writing or in the typewritten or printed form, then, notwithstanding anything contained in such law, such requirement shall be deemed to have been satisfied if such information or matter is—

　　(a)　rendered or made available in an electronic form; and

　　(b)　accessible so as to be usable for a subsequent reference.

Section 10A. Validity of contracts formed through electronic means

Where in a contract formation, the communication of proposals, the acceptance of proposals, the revocation of proposals and acceptances, as the case may be, are expressed in electronic form or by means of an electronic records, such contract shall not be deemed to be unenforceable solely on the ground that such electronic form or means was used for that purpose.

Indian Contract Act, 1872

Section 10. What agreements are contracts

All agreements are contracts if they are made by the free consent of parties competent to contract, for a lawful consideration and with a lawful object, and are not hereby expressly declared to be void.

Nothing herein contained shall affect any law in force in India and not hereby expressly repealed by which any contract is required to be made in writing or in the presence of witnesses, or any law relating to the registration of documents.

Indian Evidence Act, 1872

Section 65B. Admissibility of electronic records

(1) Notwithstanding anything contained in this Act, any information contained in an electronic record which is printed on a paper, stored, recorded or copied in optical or magnetic media produced by a computer (hereinafter referred to as the computer output) shall be deemed to be also a document, if the conditions mentioned in this section are satisfied in relation to the information and computer in question and shall be admissible in any proceedings, without further proof or production of the original, as evidence of any contents of the original or of any fact stated therein of which direct evidence would be admissible.

(2) The conditions referred to in sub-section (1) in respect of a computer output shall be the following, namely:—

(a) the computer output containing the information was produced by the computer during the period over which the computer was used regularly to store or process information for the purposes of any activities regularly carried on over that period by the person having lawful control over the use of the computer;

(b) during the said period, information of the kind contained in the electronic record or of the kind from which the information so contained is derived was regularly fed into the computer in the ordinary course of the said activities;

(c) throughout the material part of the said period, the computer was operating properly or, if not, then in respect of any period in which it was not operating properly or was out of operation during that part of the period, was not such as to affect the electronic record or the accuracy of its contents; and

(d) the information contained in the electronic record reproduces or is derived from such information fed into the computer in the ordinary course of the said activities.

(3) Where over any period, the function of storing or processing information for the purposes of any activities regularly carried on over that period as mentioned in clause (a) of sub-section (2) was regularly performed by computers, whether—

(a) by a combination of computers operating over that period; or

(b) by different computers operating in succession over that period; or

(c) by different combinations of computers operating in succession over that period; or

(d) in any other manner involving the successive operation over that period, in whatever order, of one or more computers and one or more combinations of computers, all the computers used for that purpose during that period shall be treated for the purposes of this section as constituting a single computer; and references in this section to a computer shall be construed accordingly.

(4) In any proceedings where it is desired to give a statement in evidence by virtue of this section, a certificate doing any of the following things, that is to say,—

(a) identifying the electronic record containing the statement and describing the manner in which it was produced;

(b) giving such particulars of any device involved in the production of that electronic record as may be appropriate for the purpose of showing that the electronic record was produced by a computer;

(c) dealing with any of the matters to which the conditions mentioned in sub-section (2) relate, and purporting to be signed by a person occupying a responsible official position in relation to the operation of the relevant device or the management of the relevant activities (whichever is appropriate) shall be evidence of any matter stated in the certificate; and for the purposes of this sub-section it shall be sufficient for a matter to be stated to the best of the knowledge and belief of the person stating it.

(5) For the purposes of this section,—

    (a) information shall be taken to be supplied to a computer if it is supplied thereto in any appropriate form and whether it is so supplied directly or (with or without human intervention) by means of any appropriate equipment;

    (b) whether in the course of activities carried on by any official information is supplied with a view to its being stored or processed for the purposes of those activities by a computer operated otherwise than in the course of those activities, that information, if duly supplied to that computer, shall be taken to be supplied to it in the course of those activities;

    (c) a computer output shall be taken to have been produced by a computer whether it was produced by it directly or (with or without human intervention) by means of any appropriate equipment. Explanation.—For the purposes of this section any reference to information being derived from other information shall be a reference to its being derived therefrom by calculation, comparison or any other process.

Indian Stamp Act, 1899

Section 35. Instruments not duly stamped inadmissible in evidence, etc.

No instrument chargeable with duty shall be admitted in evidence for any purpose by any person having by law or consent of parties authority to receive evidence, or shall be acted upon, registered or authenticated by any such person or by any public officer, unless such instrument is duly stamped: Provided that—

    (a) any such instrument shall be admitted in evidence on

payment of the duty with which the same is chargeable, or, in the case of any instrument insufficiently stamped, of the amount required to make up such duty, together with a penalty of five rupees, or, when ten times the amount of the proper duty or deficient portion thereof exceeds five rupees, of a sum equal to ten times such duty or portion;

(b)   where any person from whom a stamped receipt could have been demanded, has given an unstamped receipt and such receipt, if stamped, would be admissible in evidence against him, then such receipt shall be admitted in evidence against him on payment of a penalty of one rupee by the person tendering it;

(c)   Where a contract or agreement of any kind is effected by correspondence consisting of two or more letters and any one of the letters bears the proper stamp, the contract or agreement shall be deemed to be duly stamped;

(d)   nothing herein contained shall prevent the admission of any instrument in evidence in proceeding in a Criminal Court, other than a proceeding under Chapter XII or Chapter XXXVI of the Code of Criminal Procedure 1898 (V of 1898);

(e)   nothing herein contained shall prevent the admission of any instrument in any Court when such instrument has been executed by or on behalf of the Government, or where it bears the certificate of the Collector as provided by section 32 or any other provision of this Act.

Indian Registration Act, 1908

Section 17. Documents of which registration is compulsory.

(1)   The following documents shall be registered, if the property to which they relate is situate in a district in which, and if they have been executed on or after the date on which, Act No. XVI of 1864, or the Indian Registration Act, 1866, or the Indian Registration Act, 1871, or the Indian Registration Act, 1877, or this Act came

or comes into force, namely:—

(a) instruments of gift of immovable property;

(b) other non-testamentary instruments which purport or
     operate to create, declare, assign, limit or extinguish,
     whether in present or in future, any right, title or interest,
     whether vested or contingent, of the value of one hundred
     rupees and upwards, to or in immovable property;

(c) non-testamentary instruments which acknowledge the
     receipt or payment of any consideration on account of the
     creation, declaration, assignment, limitation or extinction of
     any such right, title or interest; and

(d) leases of immovable property from year to year, or for any
     term exceeding one year, or reserving a yearly rent;

(e) non-testamentary instruments transferring or assigning any
     decree or order of a Court or any award when such decree
     or order or award purports or operates to create, declare,
     assign, limit or extinguish, whether in present or in future,
     any right, title or interest, whether vested or contingent,
     of the value of one hundred rupees and upwards, to or in
     immovable property: Provided that the State Government
     may, by order published in the Official Gazette, exempt
     from the operation of this sub-section any lease executed in
     any district, or part of a district, the terms granted by which
     do not exceed five years and the annual rents reserved by
     which do not exceed fifty rupees.

[協力] Nitin Wadhwa（Wadhwa Law Offices）

12　英　国

・・・・・・・・・・・・・・・・

1　電子契約の有効性

(1)　英国法上、契約（contract）の概念は非常に広い。物理的な紙を用いた契約のほか、電子的な契約や口頭による契約も、契約の本質的要素（契約の申込み及び承諾、約因（consideration）、法律関係を作出する意思、契約内容の確定性）を備えている限り、基本的には有効である。したがって、署名は契約締結の必須要件ではないし、また契約が電子的形式により締結されたことをもってその有効性は否定されないことは、裁判所において確立された解釈である。

(2)　英国法は、①契約書等の文書に署名をする人間が当該文書に署名し、法的拘束力を受ける意思を有していること、及び、②契約締結に係る必要な手続が履践されていることを条件として、電子署名を物理的な署名に代わる手段として容認している。

　もっとも、一定の類型の契約書については、法令上一定の形式が強制されている場合もあり、その場合には当該形式に準拠しなければ契約は無効となる。典型的な例は捺印証書（deed）である。捺印証書の締結は、締結の場に証人（witness）が立会うことが必要とされており、電子契約を用いて締結することが予定されていない。

(3)　契約類型の多くは、電子契約の形式によって締結すること

が可能である。もっとも、売買契約でも、例えば、土地の譲渡については捺印証書が必要となることもあり、その場合には捺印証書に関する法令上の規制を遵守する必要があることには注意を要する。

(4) 他にも、遺言書は手書きの署名によることが必須である。また、英国においては、事故や病気などによって自分で判断ができなくなった場合、一定の事項について判断を第三者に授権する「永続委任状（Lasting Power of Attorney）」の制度があるが、これは手書きの捺印証書の形で締結されることが必要である。また、英国後見庁（Office for the Public Guardian）への登録が必要であり、同庁は手書きの署名しか受け付けていない。

加えて、一部の公的機関、例えば税務当局（HM Revenue & Customs）や不動産登記当局（HM Land Registry）などでは手書きの署名が要求される。

② 電子署名に関する規定

英国においては、EU Regulation 910/2014 on Electronic Identification and Trust Services（以下「eIDAS規則」という）が、電子署名に関するルールとして適用される（EU離脱後の英国においても同規則は効力を有している）。eIDAS規則においては、電子署名について3種類の区分を設けている[14]。

(1) **Electronic signature**：「電子データに添付されている又は論理的に関連付けられる電子形式のデータで、署名者が署名として使用するもの」と定義されている（eIDAS規則第3条(10)）。最もシンプルな電子署名であり例えば、以下に列挙するような署名

| 14)　eIDAS規則については本書 Chapter 4（EU法における電子契約）を参照。

方法が該当する。

① 署名者の名前を電子文書の末尾に挿入する方法

② 手書きの署名を画像としてスキャンし電子文書に挿入する方法

③ ウェブサイト上で「同意する」ボタンを押下する方法

④ タブレット等のタッチスクリーン上に指や電子ペンで署名する方法

(2) **Advanced electronic signature**：電子署名のうち、以下の要件を満たすもの（同規則第 3 条⑾、第 26 条）。

① 署名者と一義的に紐づけ可能であること

② 署名者の同一性を確認できること

③ 署名者において独自に管理可能な高い信頼性を持つ電子署名生成データを用いて生成されること

④ ③によって署名時のデータに紐づけられており署名後の改ざんが検出可能であること

(3) **Qualified electronic signature**：advanced electronic signature に該当する電子署名のうち、適格な電子署名生成デバイスを用いて生成され、適格な電子証明書に基づくもの（同規則第 3 条⑿）。

重要な契約については、第三者の不正行為を防止し、署名の完全性を検証できるようにしておくため、advanced electronic signature 又は qualified electronic signature を使用することが推奨される。

③ 裁判上の証拠使用の可否

前述の eIDAS 規則及び Electronic Identification and Trust Services for Electronic Transactions Regulations 2016 により、

いずれのタイプの電子署名も、裁判所において証拠として使用することができ、電子的な形式であるという理由のみで法的効力を否定されることはないとされている。

電子署名が有する証拠価値については、様々な要因に依拠することになる。qualified electronic signature は自動的に手書きの署名と同等の証拠価値を有するとされている一方、シンプルな electronic signature については実際に署名をしたのが署名者本人であるかどうかについて争いが生じる可能性がある。

④ 実務上のポイント

(1) 前述のとおり、英国法の下ではほとんどの契約を電子契約の形式で締結することができ、英国においても電子署名の使用はますます一般的なものとなっている。ドキュサインをはじめとする電子契約サービスプロバイダは、電子文書の署名や交換だけでなく、署名者の特定や、IP アドレス、ログイン記録を通じて署名を立証する仕組みを提供しており、これにより電子署名の使用に関するリスクが低減され、英国における電子署名の普及が進んだといえる。

(2) 他方、法律委員会（Law Commission）の報告によれば、現在でも一部では電子署名を使用することによる法的紛争リスクを警戒し、手書きの署名にこだわる企業も存在する。しかし、今般の COVID-19 の感染拡大により、ロックダウンやソーシャル・ディスタンシングによって対面での紙の書面にサインするという従来の慣行が非現実的なものとなり、これまで電子署名の使用に消極的であった企業や弁護士も電子署名の使用を余儀なくされた。とあるフィンテック関連の取引（取引額は数百万ポンド規模に及ぶ）においては、500 を超える署名を電子署名で済ませたと

いう事例もあった。従来の「書面を印刷し、署名し、スキャンする」といった方法と比較してみると、手続は格段に簡易化・単純化されたといえる。今後、電子署名の利用はますます進むと思われる。

(3) 英国当局は、COVID-19 の感染拡大を受けて、いくつかのガイドラインを改正した。例えば、これまで電子署名の使用を認めてこなかった税務当局も、暫定的に規則を緩和し、電子署名の使用を認めるようになっている。今後、再び電子署名の使用を制限する立場に逆戻りするかは不明であるが、電子化に要した時間や費用を考えると、その可能性は必ずしも高くないように思われる。

●参照条文（抜粋）

Regulation (EU) No 910/2014 of the European Parliament and of the Council of 23 July 2014 on electronic identification and trust services for electronic transactions in the internal market and repealing Directive 1999/93/EC

Article 3　Definitions

For the purposes of this Regulation, the following definitions apply:

（略）

(10) 'electronic signature' means data in electronic form which is attached to or logically associated with other data in electronic form and which is used by the signatory to sign;

(11) 'advanced electronic signature' means an electronic signature which meets the requirements set out in Article 26;

(12) 'qualified electronic signature' means an advanced electronic signature that is created by a qualified electronic signature creation device, and which is based on a qualified certificate for electronic signatures;

（略）

(14) 'certificate for electronic signature' means an electronic attestation which links electronic signature validation data to a natural person and confirms at least the name or the pseudonym of that person;

(15) 'qualified certificate for electronic signature' means a certificate for electronic signatures, that is issued by a qualified trust service provider and meets the requirements laid down in Annex I;

(16) 'trust service' means an electronic service normally provided for remuneration which consists of:

    (a) the creation, verification, and validation of electronic signatures, electronic seals or electronic time stamps, electronic registered delivery services and certificates related to those services, or

    (b) the creation, verification and validation of certificates for website authentication; or

    (c) the preservation of electronic signatures, seals or certificates related to those services;

(17) 'qualified trust service' means a trust service that meets the applicable requirements laid down in this Regulation;

（略）

(19) 'trust service provider' means a natural or a legal person who provides one or more trust services either as a qualified or as a non-qualified trust service provider;

(20) 'qualified trust service provider' means a trust service provider who provides one or more qualified trust services and is granted the qualified status by the supervisory body;

(22) 'electronic signature creation device' means configured software or hardware used to create an electronic signature;

(23) 'qualified electronic signature creation device' means an electronic signature creation device that meets the requirements laid down in Annex II;

Article 25   Legal effects of electronic signatures

1. An electronic signature shall not be denied legal effect and admissibility as evidence in legal proceedings solely on the grounds that it is in an electronic form or that it does not meet the requirements for qualified electronic signatures.
2. A qualified electronic signature shall have the equivalent legal effect of a handwritten signature.
3. A qualified electronic signature based on a qualified certificate issued in one Member State shall be recognised as a qualified electronic signature in all other Member States.

Article 26   Requirements for advanced electronic signatures

An advanced electronic signature shall meet the following requirements:

(a) it is uniquely linked to the signatory;

(b) it is capable of identifying the signatory;

(c) it is created using electronic signature creation data that the signatory can, with a high level of confidence, use under his sole control; and

(d) it is linked to the data signed therewith in such a way that any subsequent change in the data is detectable.

Article 28   Qualified certificates for electronic signatures

1. Qualified certificates for electronic signatures shall meet the requirements laid down in Annex I.
2. Qualified certificates for electronic signatures shall not be subject to any mandatory requirement exceeding the requirements laid down in Annex I.
3. Qualified certificates for electronic signatures may include non-mandatory additional specific attributes. Those attributes shall not affect the interoperability and recognition of qualified electronic signatures.
4. If a qualified certificate for electronic signatures has been revoked after initial activation, it shall lose its validity from the moment of its revocation, and its status shall not in any circumstances be

reverted.

5. Subject to the following conditions, Member States may lay down national rules on temporary suspension of a qualified certificate for electronic signature:

   (a) if a qualified certificate for electronic signature has been temporarily suspended that certificate shall lose its validity for the period of suspension;

   (b) the period of suspension shall be clearly indicated in the certificate database and the suspension status shall be visible, during the period of suspension, from the service providing information on the status of the certificate.

6. The Commission may, by means of implementing acts, establish reference numbers of standards for qualified certificates for electronic signature. Compliance with the requirements laid down in Annex I shall be presumed where a qualified certificate for electronic signature meets those standards. Those implementing acts shall be adopted in accordance with the examination procedure referred to in Article 48(2).

Article 29   Requirements for qualified electronic signature creation devices

1. Qualified electronic signature creation devices shall meet the requirements laid down in Annex II.

2. The Commission may, by means of implementing acts, establish reference numbers of standards for qualified electronic signature creation devices. Compliance with the requirements laid down in Annex II shall be presumed where a qualified electronic signature creation device meets those standards. Those implementing acts shall be adopted in accordance with the examination procedure referred to in Article 48(2).

Article 30   Certification of qualified electronic signature creation devices

1. Conformity of qualified electronic signature creation devices

with the requirements laid down in Annex II shall be certified by appropriate public or private bodies designated by Member States.

2. Member States shall notify to the Commission the names and addresses of the public or private body referred to in paragraph 1. The Commission shall make that information available to Member States.

3. The certification referred to in paragraph 1 shall be based on one of the following:

    (a) a security evaluation process carried out in accordance with one of the standards for the security assessment of information technology products included in the list established in accordance with the second subparagraph; or

    (b) a process other than the process referred to in point (a), provided that it uses comparable security levels and provided that the public or private body referred to in paragraph 1 notifies that process to the Commission. That process may be used only in the absence of standards referred to in point (a) or when a security evaluation process referred to in point (a) is ongoing.

The Commission shall, by means of implementing acts, establish a list of standards for the security assessment of information technology products referred to in point (a). Those implementing acts shall be adopted in accordance with the examination procedure referred to in Article 48(2).

4. The Commission shall be empowered to adopt delegated acts in accordance with Article 47 concerning the establishment of specific criteria to be met by the designated bodies referred to in paragraph 1 of this Article.

Article 32   **Requirements for the validation of qualified electronic signatures**

1. The process for the validation of a qualified electronic signature shall confirm the validity of a qualified electronic signature provided that:

(a) the certificate that supports the signature was, at the time of signing, a qualified certificate for electronic signature complying with Annex I;

(b) the qualified certificate was issued by a qualified trust service provider and was valid at the time of signing;

(c) the signature validation data corresponds to the data provided to the relying party;

(d) the unique set of data representing the signatory in the certificate is correctly provided to the relying party;

(e) the use of any pseudonym is clearly indicated to the relying party if a pseudonym was used at the time of signing;

(f) the electronic signature was created by a qualified electronic signature creation device;

(g) the integrity of the signed data has not been compromised;

(h) the requirements provided for in Article 26 were met at the time of signing.

2. The system used for validating the qualified electronic signature shall provide to the relying party the correct result of the validation process and shall allow the relying party to detect any security relevant issues.

3. The Commission may, by means of implementing acts, establish reference numbers of standards for the validation of qualified electronic signatures. Compliance with the requirements laid down in paragraph 1 shall be presumed where the validation of qualified electronic signatures meets those standards. Those implementing acts shall be adopted in accordance with the examination procedure referred to in Article 48(2).

[協力] Nigel Collins (Reynolds Porter Chamberlain LLP)

13　ドイツ

[1]　電子契約の有効性

(1)　ドイツ法において、電子契約は、法律上特定の形式を要求している場合を除き、有効に締結することが可能である。ドイツ法上、契約の形式には、以下の4種類が存在する。

① **テキスト方式**（民法第 126 条 b）：この方式の契約は、可読性を有すること、締結者の身元が記載されていること、永続的な媒体を利用することという要件を満たす必要がある。例えば、ファクシミリやEメールなどでも有効とされており、締結者の署名は必要とされていない。したがって、どのようなタイプの電子署名を用いることも可能である。

② **筆記方式**（民法第 126 条）：この形式の契約は、契約締結者の手書きによる署名を必要とする。タブレット PC 等にサインする場合はこの方式の要件を満たさないと解されており、紙の書面に手書きで署名をすることが必須となる。ただし、両当事者間で合意し、qualified electronic signature を用いる場合には電子契約を使用することができる。ただし、法律上一定の類型の契約については、紙の書面による締結が強制されることになる（後述）。

③ **電子形式**（民法第 126 条 a）：紙の書面ではなく電子ファイルを利用して締結する形式の契約である。この形式の契約に

おいては、qualified electronic signature による署名が必要となる。

④ **公的認証**（民法第 128 条、第 129 条）：一定の契約類型においては、当事者の署名について公証人による公証を得たり、契約書を公正証書として作成したりすることが求められている。公的認証が必要となる契約については、電子契約を利用することは認められていない。

(2) 例えば、以下に掲げる契約書・書面については、紙の書面に手書きの署名を行うことが必須である。当事者間の同意がある場合であっても、電子契約を使用することはできない。

① 消費者に対するローン契約（民法第 492 条）

② 雇用契約の解除（同法第 623 条）

③ 雇用証明書（同法第 630 条）

④ 保証証書（同法第 766 条）

⑤ 債務の約束（同法第 780 条）

⑥ 債務の承認（同法第 781 条）

② **電子署名に関する規定**

電子署名については、qualified electronic signature と呼ばれる特別な類型の電子署名が存在する。法令上特に qualified electronic signature の使用が義務付けられていない場合には、どのようなタイプの電子署名でも使用することが可能であるが、前記①(1)のとおり、筆記形式及び電子形式の契約については qualified electronic signature を使用することが必要となる。

qualified electronic signature は、EU Regulation 910/2014 on Electronic Identification and Trust Services（以下「eIDAS 規則」という(15)）が規定する電子署名の一類型である。eIDAS

規則は、電子署名に関する法的枠組みを定めた EU の規則であり、同規則において電子署名は electronic signature、advanced electronic signature 及び qualified electronic signature の 3 種類に区分される。qualified electronic signature は、その中で最も厳格な認証を行う電子署名であり、手書きの署名と法的に同等とみなされる。

③ 裁判上の証拠使用の可否

電子契約は基本的に証拠として使用することが可能である。

民事訴訟法上、裁判における証拠調べの方法に応じて、第 371 条の visual evidence 又は同法第 416 条の private certificate の 2 種類があるところ、qualified electronic signature が付された電子契約については、private certificate として扱われ、紙の書面に手書きでサインしたものと同様、契約書が署名者によって作成されたことを証明する証拠となる。

それ以外の電子署名を用いた場合、当該電子契約は visual evidence として扱われる。visual evidence は、裁判所において契約書を見る、読むなどして、裁判所が五感の作用を用いて証拠を認識するものをいう。

④ 実務上のポイント

(1) ドイツにおいて電子契約は広く普及しており、ビジネス上の取引にもよく利用されている。特に E コマースの領域においては、ボタンをクリックし、支払情報を入力し、確認メールを受領するという過程で締結が完了することがほとんどである。さら

---

15) eIDAS 規則については本書 Chapter 4（EU 法における電子契約）を参照。

に、弁護士とクライアントの間の契約についても、電子契約の形式で締結することが増えてきている。

(2) もっとも、相手方の身元に関する情報が十分でない場合や、信頼性が明確でないと考えられる場合には、紙の書面による契約締結が推奨される。他方で、相手方が長年取引を継続している企業である場合や、相手方の電子メールに qualified electronic signature が付されており身元を特定できる場合には、電子契約の形式で締結することも考えられる。

(3) 雇用契約については、今でも紙の契約書を作成するのが一般的である。民法において、雇用契約は書面（又は qualified electronic signature を用いた電子契約）によって締結しない限り、期限の定めのない契約とみなされること、及び、雇用契約の解除は書面をもって行う必要があることに注意する必要がある。

● **参照条文（抜粋・非公式英訳）**
＊以下は参照のため非公式に英訳したものである。公式の法令の最新の内容を必ずしも忠実に反映したものでない可能性がある。

Civil Code
Section 126　Written form
(1) If written form is prescribed by statute, the document must be signed by the issuer with his name in his own hand, or by his notarially certified initials.
(2) In the case of a contract, the signature of the parties must be made on the same document. If more than one counterpart of the contract is drawn up, it suffices if each party signs the document intended for the other party.
(3) Written form may be replaced by electronic form, unless the statute leads to a different conclusion.
(4) Notarial recording replaces the written form.

Section 126a Electronic form

(1) If electronic form is to replace the written form prescribed by statute, the issuer of the declaration must add his name to it and provide the electronic document with a qualified electronic signature.

(2) In the case of a contract, the parties must each provide a counterpart with an electronic signature as described in subsection (1).

Section 126b Text form

If text form is prescribed by statute, a readable declaration, in which the person making the declaration is named, must be made on a durable medium. A durable medium is any medium that:

1. enables the recipient to retain or store a declaration included on the medium that is addressed to him personally such that it is accessible to him for a period of time adequate to its purpose; and

2. that allows the unchanged reproduction of such declaration.

Section 127   Agreed form

(1) The provisions under sections 126, 126a or 126b also apply, in case of doubt, to the form specified by legal transaction.

(2) For compliance with the written form required by legal transaction, unless a different intention is to be assumed, it suffices if the message is transmitted by way of telecommunications and, in the case of a contract, by the exchange of letters. If such a form is chosen, notarial recording in accordance with section 126 may be demanded subsequently.

(3) For compliance with the electronic form required by legal transaction, unless a different intention is to be assumed, an electronic signature other than provided for in section 126a also suffices and, in the case of a contract, the exchange of a declaration of an offer and of acceptance which are each provided with an electronic signature. If such a form is chosen, an electronic signature in accordance with section 126a may be

demanded subsequently, or if this is not possible for one of the parties, notarial recording in compliance with section 126.

[協力] 山口茂雄、Marcus Nothhelfer（ARQIS Rechtsanwälte）

14 ブラジル

• • • • • • • • • • • • • • • •

1 電子契約の有効性

(1) ブラジルにおいて、電子契約は、意思表示の合致等、契約の一般的な有効要件を備えていれば有効であると解されている。

電子契約及び電子署名にかかる主要な法令として、Medida Provisória No. 2.200-2, 24 de Agosto de 2001（以下「MP 2200-2」という）が存在する。MP 2200-2 は、ブラジルにおける公開鍵認証基盤（Infra-Estrutura de Chaves Públicas）の構築について定めたものである。そして、MP2200-2 第 10 条 1 項は、ICP-Brasil（Infraestrutura de Chaves Públicas Brasileira：ブラジルにおける電子署名及び電子証明書を所管する政府機関）の認証を受けた方式を用いた電子書面（documentos em forma eletrônica）は、真正と推定されると規定する。一方で、同条 2 項は、ICP-Brasil の認証を受けていない電子書面その他の電子的方法について、当事者双方が合意しているか、相手方当事者が承認している限り、その効力は否定されないと規定している。

(2) 例外的に、一部の契約類型については、法令上手書きの署名が要求される。具体例は、以下のとおりである。

① 現行の最低賃金の 30 倍以上の価額を対象とする不動産取引（Civil Code 第 108 条）

② 為替手形等（Decree-law No. 2.044/1908 第 1 条等）

③　保証契約書や債権譲渡契約書等、第三者に対する強制力
　を保証するために登録等の対象となる法律文書（Law No.
　8.245/1991 第 8 条、Law No. 6.015/73 第 129 条等）

②　電子署名に関する規定

　前述のとおり、ブラジル法上、ICP-Brasil の認証を得た電子署
名（以下「ICP-Brasil digital signature」という）が付された電子契
約は、紙の契約と同じように有効であると規定されている。

　ICP-Brasil digital signature 以外の電子署名についても、原則
として当事者間の合意があれば、基本的にどのような種類のもの
でも使用することが可能である。ただし、ICP-Brazil 認証のない
電子署名を用いた電子契約については、裁判になった際その有効
性や真正性について争いが生じる可能性がある。

③　裁判上の証拠使用の可否

ICP-Brasil digital signature が付された電子契約は、裁判手続
において証拠として使用することが可能である。それ以外の電子
署名で署名された電子契約書については、裁判所が証拠として認
めるかどうかが不明確であり、証拠能力を否定される可能性もあ
る。

ICP-Brasil digital signature 以外の電子署名一般の有効性は、
裁判上、しばしば争点とされ、裁判所の判断も個別具体の案件ご
とに判断する傾向にある。例えば、携帯電話端末のシステムログ
が契約締結の証拠として提出された事件で、法律適合性やセキュ
リティ要件を満たしていないとして、その証拠としての利用が否
定されたものがある[16]。

どのような電子署名であれば証拠能力が承認されるかについて

は、まだ不明確であり、裁判例の集積を待つ必要がある。

④ 実務上のポイント

(1) ブラジル法上、ブラジルにおける執行を予定した契約書、及び、フランチャイズ契約書について、2名の証人による署名が必要とされている。この点に関して、当該証人が用いる電子署名について、ICP-Brasil の認証を受けた digital signature でなければならないかについては争いがある。慎重を期すのであれば、ICP-Brasil digital signature を用いるほうがよい。

(2) 雇用契約に関するところでは、労働者の署名が義務付けられていない文書（従業員に不利益とならない労働条件の変更や、標準的な雇用契約書等）については、実務上、電子署名の使用が認められる傾向にある。他方、法律上労働者の署名が義務付けられている書面（給与領収証、雇用契約終了証等）については、慎重に判断する傾向にある。有効性を否認されるリスクを軽減するためには、ICP-Brasil digital signature を用いるか、紙の契約書を取り交わした上で原本を保管しておくことが推奨される。

(3) ブラジルにおいても、COVID-19 の感染拡大後、電子契約の利用が活性化している。また、法務の DX（デジタルトランスフォーメーション）が進められており、例えば、コロナ禍において、従業員を在宅勤務に切り替える際の手続や、労働組合との団体交渉の方法を電子的に行うことが認められたほか、不動産登記、公証・認証や少額訴訟手続にも電子的方法を用いる取組みが行われている。

---

16) São Paulo Appellate Court, Appeal nº 0007756-22.2009.8.26.0236, Rapporteur Clóvis Castelo, 17 December, 2012

*以下は参照のため非公式に英訳したものである。公式の法令の最新の
　内容を必ずしも忠実に反映したものでない可能性がある。

Medida Provisória No. 2.200-2, 24 de Agosto de 2001

Article 10. Public or private documents are considered, for all legal purposes, as electronic documents covered by this Provisional Measure.

§1　The declarations contained in the documents in electronic form produced using a certification process made available by ICP-Brasil shall be deemed true in relation to the signatories, pursuant to Article 131 of Law No. 3.071 of January 1, 1916 - Civil Code.

§2　The provisions of this Provisional Measure do not prevent the use of another means of proving the authorship and integrity of documents in electronic form, including those using certificates not issued by ICP-Brasil, provided that it is admitted by the parties as valid or accepted by the person opposing the document.

Civil Code

Article 108. Unless the law provides otherwise, the public deed is essential to the validity of legal transactions aimed at the constitution, transfer, modification or waiver of rights in real estate of more than thirty times higher than minimum wage in force in the Country.

> [協力] Tatiana Amorim de Brito Machado
> (Barbosa Müssnich Aragão)

Chapter 3

米国における法律と実務

[執筆] 木下万暁＝米山　岳＝ミンディ・アレン

1　はじめに

米国は法令及び実務の両面で最も電子契約が確立・普及している地域の1つである。法令面では、1990年代中頃から電子契約・電子署名にかかる立法が一部の州で始まり、その後文書業務排除法（1998年）[1]、後述の UETA 法（1999年）、ESIGN 法（2000年）等、2000年前後には主な法令の整備が完了している。また実務面でも、2000年代初頭から PDF 等交換方式（後述）による契約締結が広く普及しており、近年ではクラウドベースのソフトウェア（SaaS）等による電子署名も急速に拡大している。以下では連邦法及び州法の規定を簡単に解説した上で、実務上の取扱いについて触れることとする。

2　米国における電子契約に関する法令と電子契約・電子署名の定義

(1)　連邦法：ESIGN 法

米国における電子署名（electronic signature）に関する初の連邦法である Electronic Signatures in Global and National Commerce Act（以下「ESIGN 法」という）[2]は2000年に成立・発効した。ESIGN 法は電子署名の有効性を認め、州をまたぐ商取引や国際的な取引において電子署名を用いた契約締結を促進している。特に同法は冒頭において、署名や取引契約等は、電子的方法や電子署名等を使用したことだけを理由として「その法的効力、有効性又は執行力を否定されてはならない」と明記している[3]。

---

1)　Government Paperwork Elimination Act, Pub. L. No. 105-277, title XVII (1998)：連邦政府との取引や連邦政府の書類保管の電子化を推進する連邦法

2)　15 U.S.C. §§ 7001-7006.

また、ESIGN 法は、各州が電子契約に係る法令を制定することを想定し、各州が後述の UETA 法を採用し又は ESIGN 法と矛盾のない独自の法令を導入した場合には州法が優先的に適用され、それ以外の場合には、州際取引や国際取引においては ESIGN 法が州法に優先して適用されるとしている。

(2)　州法：UETA 法

　ESIGN 法の制定に先駆けて、米国の非営利団体である National Conference of Commissioners on Uniform State Laws（以下「NCCUS」という）は 1999 年に Uniform Electronic Transactions Act（以下「UETA 法」という）[4]と呼ばれるモデル法を策定した。現在はニューヨーク州及びイリノイ州を除く全米 48 州とその他の地域[5]がこの UETA 法を採択している。なお、ニューヨーク州及びイリノイ州は独自の法律を策定して電子署名による契約の締結を有効としており、これらの法令はいずれも上記の ESIGN 法とも矛盾のない形で策定されている。

(3)　電子的記録及び電子署名の定義

　ESIGN 法上、電子的記録及び電子署名は以下のように定義されており、UETA 法もほぼ同様の定義を用いている[6]。

・電子的記録（electronic record）：電子的方法により作成、生成、送付、伝達、受領又は保存された契約その他の記録をい

3）　15 U.S.C. § 7001(a).
4）　Uniform Electronic Transactions Act (Uniform Law Commission 1999).
5）　コロンビア特別区、アメリカ領ヴァージン諸島及びプエルトリコ自治連邦区を含む。最近ではワシントン州が 2020 年 6 月から UETA 法を採択している。
6）　Uniform Electronic Transactions Act § 2(7) (Uniform Law Commission 1999).

う（英語原文：The term 'electronic record' means a contract or other record created, generated, sent, communicated, received, or stored by electronic means.）

・電子署名（electronic signature）：契約その他の記録に添付され又は論理的に関連付けられた電子的な音声、シンボル又はプロセスであって、当該記録に署名する意図をもってある者により締結又は受諾されたものをいう（英語原文：The term 'electronic signature' means an electronic sound, symbol, or process, attached to or logically associated with a contract or other record and executed or adopted by a person with the intent to sign the record.）

　いずれも比較的広範な定義であり、プリントアウトして手書きで署名した紙をスキャンしたもの、契約書中に署名の写真ファイルを挿入したもの、ドキュサインをはじめとするクラウドサービスを通じた署名もいずれも有効な署名となる。加えて、電子署名には、「音声、シンボル又はプロセス」による署名が認められているため、例えば電話を利用した自動音声での確認手続、指紋での認証、パスワードや PIN コードでの認証、ウェブサイト上で内容を理解し確認した旨をチェックする手続や、クラウド上で氏名をタイプして記名する手続もいずれも有効な電子署名となり得る。また、E メールのやり取りで契約書を締結する旨の意思を表示する行為も有効な電子署名となり得ることになる。

　なお、米国法上電子署名の 1 つの形態として、デジタル署名（digital signature）という概念も存在する。デジタル署名とは、一般的にはハッシュ関数と公開鍵を用いた特殊な数理的な手続によって作成されたものであり、署名者の同一性又は署名がなされた電子的記録の完全性を証明するための電子的記録に用い

られる暗号化されたデータを意味する。このデジタル署名は一部の高度のセキュリティが求められる書面で用いられているものの、ESIGN 法や UETA 法上の電子署名の要件とはなっていない。

(4) 電子契約・電子署名が認められない場合

　上記のとおり、ESIGN 法及び UETA 法上の電子署名は広く認められているが、ESIGN 法上は、一部の書類や局面において電子署名の使用が認められない点に留意が必要である。例えば、一般的には以下の書面は紙の原本への署名が必要とされることがあるため、電子署名を使用する場合、適用される各州法に照らし、事前にその有効性について確認をしておく必要がある。また、署名の暗号化、一定のセキュリティシステムの要件等の条件の下に電子署名の使用が認められる場合もあるが、これも各州や各担当官庁により対応が異なるため、事前の確認が必要となる。

- ・株券等の有価証券
- ・遺言や遺言信託に係る書類
- ・医療上の同意等に係る書類
- ・委任状
- ・公証人による公証
- ・養子縁組、離婚その他家族法上の手続に係る書類
- ・不動産手続にかかる書類
- ・一部の裁判所その他の公的機関への提出書類
- ・健康又は安全上の問題を含む製品のリコールに係る通知
- ・危険物の運搬を行う際に携帯が必要とされる書類

　なお、2020 年 8 月現在、COVID-19 の影響に伴うロックダウンの結果、書類の郵送、公的機関のサービスへのアクセス、公証人による公証を面前で行うなどの対応が実務上困難となったため、各州政府は一部の書類について電子契約や電子署名による対応を

一時的に認める措置を採っている。例えば、一部の州では、ビデオ会議で双方向のコミュニケーションが可能であることを確認することなどを条件として、ビデオでの本人確認の実施や文書の公証を行うことを一時的に許容している。また、公証人及び公証を受ける者の双方が同じ州からビデオ会議に参加していることを要求する州もあるが、例えばテキサス州などでは、他の州からの参加であっても公証を認めるなどの対応を採っている。COVID-19の影響により日本の米国大使館での公証の予約が停止されていた時期もあり、このような状況がもし今後も生じる場合には、直接米国の公証人による公証を受けることも検討に値するといえる。今後、これらの実務が継続するのか、あるいは一部の書類については今後も紙の原本への署名が必要とされるのかについては引き続き実務の動向を注視していく必要がある。

3　裁判手続上の取扱い

(1)　裁判上の証拠使用の可否

上記のとおり広く電子署名が認められる以上、電子署名も裁判上有効な証拠として用いることができるのが原則である。もっとも電子署名による合意の有効性や、電子署名による文書の裁判での使用の可否が問題となった判例も存在しているため、その取扱いに際しては念のため適用ある各州の州法の弁護士に確認をしておくことが必要である。

例えば、金融機関とのクレジットカードの利用に係る取引について、相手方の業者がドキュサインによる署名がなされている契約書に実際にサインをした覚えがないと主張した案件において、ノースカロライナ州の裁判所は、当該署名がなされたという電子

的な記録があれば直ちに署名が有効になるわけではないとしつつも、仮に当該業者が署名していなかったとしても、その後の当事者の行動等も踏まえて当該業者は契約を有効に追認していると認定した件がある[7]。この件からは、電子署名がなされたから安心というわけではなく、実際に当事者が意思に基づいて署名をしたのかどうか、後にその点を立証できるのか、といった点にも留意をして手続を進める必要があるといえる。

(2) 電子署名の使用が認められないとされた手続

また、破産申立て手続における各種書類は手書きでの署名が求められているところ、破産申立てを行った債務者にドキュサインを用いた署名をさせて裁判所に提出した弁護士に対して、米国連邦管財官（United States Trustee）が倒産法上の手続の違反を理由に罰則の適用を求めた事案もある。この件では連邦倒産裁判所は、「破産申立てにかかる書面やこれに関連する書面（特に真実を述べなかった場合の罰則があることを承知の上署名されるべき書面）のような重要な法的効果を伴う書面については、［中略］自筆での署名が求められる」と述べ、担当した弁護士に対して罰則を科す判断をしている[8]。電子署名での書面作成を行う場合、念のため電子署名での対応が可能な書類なのかどうかを確認しておくことの重要性を改めて示している判例といえよう。

7）　IO Moonwalkers, Inc. v. Banc of America Merchant Services LLC, 814 S.E.2d 583 (N.C. Ct. App. 2018).

8）　In re: Stanley Mayfield, Debtor, Case No. 16-22134-D-7 (Bankr. E.D. Cal. Jul. 15, 2016).

(1)　PDF 等交換方式

米国の実務上、企業間取引で最も多く利用されている方式は、契約書の締結版の署名ページのみをプリントアウトして手書きで署名し、それをスキャンして PDF 等の電子ファイル化したものを交換する方法である（以下「PDF 等交換方式」という）。ESIGN 法及び UETA 法上、かかる PDF 等交換方式も「電子署名」に該当することになる。

なお、実際に行った署名（署名ページ）と、署名の対象（契約全体）が論理的に関連付けられている必要がある。そのため、各署名ページにはどの契約書の署名ページであるかが分かるような記載を追加し[9]、署名後は当該署名ページを契約書の締結版に差し込んで1つの PDF ファイル等に結合し、契約締結の相手方に E メールで送付する方法が採られることが一般的である。

(2)　クラウドベースの電子署名ソフトウェア

米国において、近年急速に拡大しているのがドキュサイン、Adobe Sign、HelloSign 等のクラウドベースのソフトウェア（SaaS）による電子署名である。サービス自体は 10 年以上前から存在するが、自社専用型・オンプレミス型ソフトウェアに比べて導入が容易で利便性が高いことから普及が進んでいる。特に COVID-19 の影響による在宅勤務でプリントアウトや電子ファイル化用の機器が手元にない場面が増加したこともあり、足元

---

9)　署名ページのフッターに "Signature page to [契約名]" 等を記載する方法等が広く行われている。

では利用が急増しており、複数の調査で今後数年間にわたり年率20％超の市場成長が予測されている[10]。

これらの電子署名にはいくつかの方式が存在するが、契約の締結版の電子ファイル（PDF等）が確認できるウェブサイトのリンクをＥメール等で送付し、デバイス上で名前のタイプ又は署名リンクのクリック等を行うことで署名ページに署名を行う方法が一般的である。

多くのサービスではすでに日本語での対応がされており、日本でも利用可能となっている。今後ますます多くの企業がクラウドベースの電子署名の利用を開始することが予想されるが、上記2⑷や3⑵のとおり、米国でも上記のサービスを使ってもなお有効性が認められない手続や書面が存在するため、事前に十分に確認の上、署名手続を行うことが必要である。

⑶　契約書上の記載と締結方法

上記2のとおり法令上は広く電子署名での契約締結が認められるとしても、電子署名が有効となるためには、当事者に当該記録に署名する意図が認められるかどうか、といった点も重要となる。そのため、実務上は以下のような副本での契約の締結についての文言を契約書に記載することが望ましい。このような記載を契約書に加えることにより、両当事者が電子署名によって契約書を締結する意図を明確にし、かつこれを記録として残しておくことが可能となる。

「本契約は複数の副本により締結することができることとし、個々の副本は両当事者により署名されたものと同様に取り扱われること

10）　P&S Intelligence "Digital Signature Market Research Report" 等

とする。電子的方法（PDF 又は TIF ファイル等）によって締結された副本の交付は、手書きで署名された原本の効力と同様の効力を有することとする。」

（英文では以下のような文言が用いられている：This Agreement may be signed in any number of counterparts and each counterpart shall represent a fully executed original as if signed by both Parties. Delivery of an executed counterpart of a signature page to this Agreement in electronic format (e.g., ".pdf" or ".tif") shall be effective as delivery of a manually executed counterpart of this Agreement.）

　また、3(1)で紹介したノースカロライナ州の判例を見ても、クラウドでのサービスを利用するなどして詳細な記録が残っていたとしても、相手方当事者が署名した覚えはないと主張してくる可能性は否定できない。そのため、かかるサービス業者の記録だけではなく、契約締結前後の当事者間のやり取り等の記録も保管しておくことも必要であろう。

(4)　紙の原本の不存在
　上記のとおり、米国では PDF 等交換方式又はクラウドベースの電子署名等による電子署名・電子契約が、金額の多寡にかかわらず大半を占めており（筆者らの経験上は数億円の取引であっても、数千億円の取引であっても同様である）、紙の原本を作成する場合は実務上非常に限られる。また一部の企業では会社のポリシー上、特定の書類については原本の交換を行わない取扱いをしている企業も存在する。そのため、社内の文書管理規程上、契約書の原本が必要であるような場合には、早めに相手の米国企業にその旨を伝えて調印の準備をすることが必要となる。

Chapter 4

EU法における電子契約

[執筆] 山口茂雄 ＝ マルクス・ノートヘルファー

欧州連合（EU）は、EU 域内及び EU 加盟国間の法的取引において電子契約をより普及させるため、様々な立法を行ってきた。一方で、最も直近で成立した関連法である通称「eIDAS 規則」（2014 年 7 月 23 日 EU 規則 910/2014）は、電子契約の取扱いを EU 全域で平準化するほどの改正ではなかったため、各 EU 加盟国ごとに電子契約に関する法制化の程度に差が残ることとなった。そのため、適用される加盟国法に照らして、電子契約が従来の契約形式の代替として使えるか、使える場合の要件などについて、個別事例ごとに検証する必要がある。

　本章では、EU における電子契約に関する法制度の概観と、eIDAS 規則に基づく具体的な法的枠組みを解説するものである。

1　EU と EU 法の概説

(1)　EU の法制度

　EU は、ヨーロッパ大陸の主権国家による経済的・政治的な連合体で、EU 加盟国が批准した欧州連合基本条約に基づき、各加盟国に対し、特に欧州域内市場に関して一定の立法権を有している。

　EU 法の適用範囲内では、EU 法と EU 加盟国の国内法が相反する場合、EU 法が優先する（EU 法の優位性）[1]。この原則により、EU 法は、規範階層において最上位となり、全加盟国で効力を有することとなるため、加盟国間の異なる法制度をある程度統一することが可能である。

　また、EU 域内で EU 法の解釈を統一化するため、欧州司法裁判所は、EU 法の解釈に関し排他的かつ最終的な判断権限を有し

[1]　Case 6-64, Flaminio Costa v E.N.E.L., ECLI:EU:C:1964:66.

ている[2]。欧州司法裁判所の判決は、EU 加盟国の裁判所を拘束し、EU 法の解釈において判例としての効力を持つとされる。

(2) EU 法の種類

EU 法には、まず一次法（Primary Legislation）と呼ばれる欧州連合基本条約がある。そして、加盟国によって批准されたこの基本条約を根拠に、EU 当局が制定するのが二次法（Secondary Legislation）である。一次法と二次法は、いずれも前述した EU 法の優位性を特徴とするため、全加盟国で法的拘束力を及ぼすことが可能となっている[3]。

二次法の中で特に重要なのが規則（Regulation）と指令（Directive）で、規則は EU 法として直接適用され、加盟国に対して直接的な法的拘束力を有する。一方、指令は達成すべき一定の目標のみを定義した上で、加盟国に対し、これらの政策目標等を達成するために必要な国内法の制定を義務化するものである。つまり、指令は、原則として、加盟国において国内法として落とし込まれて初めて加盟国内で法的拘束力を及ぼすこととなる。

2 電子契約に関する EU 法

EU における電子契約に関する主な法規制は、2000 年 6 月 8 日 EU 指令 2000/31/EC（「電子商取引指令」）と 2014 年 7 月 23 日 EU 規則 910/2014（「eIDAS 規則」）がある。後者は、1999 年 12 月 13 日に採択されていた電子署名に関する

2) 欧州連合条約第 19 条
3) 欧州連合の機能に関する条約第 288 条

指令 1999/93/EC（「電子署名指令」）を廃止し、新たな規則として成立した。eIDAS 規則は、現在、EU における電子署名及び電子シール等に関する最も重要な法的枠組みとして機能している。

　以下では、電子契約に関する今までの法制度及び現行の法規制について概観する。

(1) 定　義
(i) 電子契約
　「電子契約」という言葉は、電子商取引指令の施行後[4)]、電子的な手段によって締結された契約を指す用語として使用されてきたが、eIDAS 規制では使われていない。本章では、電子契約とは、電子的な手段だけを用いて締結された契約を指すこととする。

(ii) 電子署名
　eIDAS 規則では「電子署名」「高度電子署名」「適格電子署名」（以下各類型の電子署名を指すときは「」を付け、3 類型を総称するときは「」なしの電子署名と記す）という用語が使用されている。例えば電子メールの末尾に自分の署名を付すだけの簡単な署名が「電子署名」とみなされる一方、「高度電子署名」や「適格電子署名」には様々なセキュリティ要件が設定されている。

(iii) 電子シール
　「電子シール」「高度電子シール」「適格電子シール」（以下各類型の電子シールを指すときは「」を付け、3 類型を総称するときは「」なしの電子シールと記す）という用語が、eIDAS 規則によって新たに導入された。

　自然人が電子データに署名する際に使用される電子署名とは異

なり、電子シールは法人名義で作成可能で、電子データの出所と
完全性を保証するものとされる。

(2) 関連法
(i) 1999 年の電子署名指令

電子署名指令は、EU 法として初めて電子署名の概念を導入し、
裁判手続で電子署名が法的に認められること、また手書き署名と
「適格電子署名」が同じ法的効力を有することを規定した[5]。こ
れらの概念はその後、eIDAS 規則によって強化・拡大された。

(ii) 2000 年の電子商取引指令

電子商取引指令は、E コマースに関する多くのルールを定めた。
本指令では、電子署名や契約の様式等に関して規定はしていない
が、加盟国は、本指令により初めて、電子的な手段での契約締
結を可能とする国内立法を行うよう義務化された[6]。これにより、
現時点までに、すべての加盟国で電子契約の締結を認める国内法
が制定された。電子商取引指令は、電子契約の締結を可能とする
ような国内法の制定を加盟国に求める一方で、加盟国は、指定さ
れた例外に該当する場合に限って、独自の裁量で別のルールを設
けることができるとした。具体的には、①レンタル権を除く不動
産の権利に関する契約、②法律により、裁判所、行政機関又は公
権力を行使する職務の関与が必要となる契約、③保証や抵当権に
関する契約、④家族法又は相続法に関連する契約については、各
加盟国の国内法で電子的な形式での契約締結を認めないと規定す
ることが可能とされている。

5)　電子署名指令第 5 条
6)　電子商取引指令第 9 条

電子商取引指令は、全体の方向性として、加盟国に対し、原則的に電子契約の締結を可能とするよう求めているだけで、電子的な手段によって契約を締結する場合の具体的な方法は規定していないし、電子署名の成立要件も定めていない[7]。したがって、加盟国は、どういった電子署名がどのタイプの契約で法的に有効となるか、自国内で独自に決めることができることになっている。そのため、EU 域内での電子契約の使用に関する規制内容は統一されておらず、各加盟国で独自の制限や特例等が設けられているのが現状である。

(iii) 2014 年の eIDAS 規制

eIDAS 規則は、1999 年の電子署名指令を置き換えるもので[8]、現在では EU における電子署名に関する最も重要なルールとなっている。同規則は、電子署名指令の内容を改良して、電子シール、電子タイムスタンプ、電子書留の配布サービス、ウェブサイト認証などの電子署名に関連する新しい仕組みを加えた。本章では、電子契約の締結に関連する電子署名と電子シールについてのみ扱い、その他については割愛する。

eIDAS 規則は、各国内法で置き換えをせずとも、EU 加盟国に直接の効力を持つ規則（Regulation）として制定された。

7）　電子商取引指令前文 35
8）　eIDAS 規則第 50 条

3 電子契約に関するEU法の枠組みとしての eIDAS 規則

(1) 全体像

eIDAS 規則は、一般規定の他に、「電子本人確認」（Electronic Identification）や「トラストサービス」（Trust Services）に関する章などで構成されている。

「電子本人確認」とは、電子データを用いて自然人又は法人について本人確認することをいうが[9]、公共部門で使用されることが多く、トラストサービスにはあまり関係しない。

「トラストサービス」は、新たに導入された概念で、電子署名、電子シール、電子タイムスタンプ、電子書留の配布サービスやウェブサイト認証に関連した証明書の発行、検証や保存に関するサービスと定義されている[10]。この定義により、電子署名の一連のプロセスは、eIDAS 規則上、トラストサービスに該当するとされる。

また、トラストサービスは、トラストサービスプロバイダが、通常有料で提供するサービスとされる。

(2) トラストサービスプロバイダ

eIDAS 規則は、トラストサービスプロバイダと適格トラストサービスプロバイダを区別し、後者のみが、「適格電子署名」の証明書等のサービスを行えることとした[11]。

適格トラストサービスプロバイダとなるには、eIDAS 規則に定められた一定の要件をクリアし、監督機関から指定を受ける必

---

9) eIDAS 規則第 3 条 (1)
10) eIDAS 規則第 3 条 (16)
11) eIDAS 規則第 3 条 (15)

要がある[12]。

⑶　電子署名

（ⅰ）　定　義

⒜　「電子署名」

「電子署名」とは「電子データに添付されている又は論理的に
関連付けられる電子形式のデータで、署名者が署名として使用す
るもの」と定義されている[13]。

　かなり広く定義付けされているため、例えば、電子メールの末
尾に挿入する名前も含まれるとされる。

⒝　「高度電子署名」

「高度電子署名」とは「電子署名」の中でも「①署名者と一義
的に紐づけ可能で、②署名者の同一性を確認でき、③署名者が独
自に管理可能な高い信頼性を持つ電子署名生成データを用いて生
成され、④これにより署名時のデータと紐づけられることで、署
名後の改ざんが検出可能となる」ものをいう[14]。

「電子署名」と比較すると、「高度電子署名」は、上述の要
件を満たすため、より複雑かつ高レベルの技術を必要とする。
eIDAS 規則上、技術面での指定は特にないため、現存する手法
のみならず、上述の要件を満たすものであれば、将来開発される
技術を使った手法を用いることも可能である[15]。現時点では、電
子署名を特定の自然人と紐づける電子署名証明書[16]を使った暗号
方式が用いられている。

12)　eIDAS 規則第 21 条
13)　eIDAS 規則第 3 条 (10)
14)　eIDAS 規則第 26 条
15)　eIDAS 規則前文 27
16)　eIDAS 規則第 3 条 (14)

(c)　「適格電子署名」

　「適格電子署名」とは「適格電子署名作成デバイスを使用して生成され、かつ電子署名の適格証明書による裏付けがある高度電子署名」と定義されている[17]。

　この適格証明書や適格署名作成デバイスに関する具体的な要件は、eIDAS 規則の付属書に定められている[18]。

　「高度電子署名」と比較すると、「適格電子署名」は、適格トラストサービスプロバイダを使い、また eIDAS 規則で定める適格証明書の追加要件を満たしている場合にのみ発行が可能とされる。この追加要件の内容は、例えば、適格証明書には、証明書を発行した適格トラストサービスプロバイダを特定できるデータが含まれていなければならないとされている。

(ii)　法的効力

　eIDAS 規則では、「適格電子署名」のみが特別な法的ステータスを持ち、「手書き署名と同じ法的効力を有する」とされる[19]。

　一方、手書き署名の法的効力は加盟国ごとに異なり得るため、eIDAS 規則で「適格電子署名」と手書き署名の平等な取扱いを定めているからといって、すべての加盟国で「適格電子署名」に関して統一的な法的効力を持つとはいえないことに注意が必要である。さらに、同規則は、契約の成立要件や様式等に関する加盟国の国内法や EU 法に影響を与えないと明示しており[20]、どのタイプの契約に「適格電子署名」を求めるか、簡易なもので十分か、あるいは契約を有効とするには特定の（電子的ではない）様式を

---

17)　eIDAS 規則第 3 条 (12)
18)　eIDAS 規則第 3 条 (15)(23)
19)　eIDAS 規則第 25 条第 2 項
20)　eIDAS 規則第 2 条第 3 項

求めるかについては、基本的に加盟国の裁量に委ねられている。ただし、電子商取引指令に基づき、同指令が定める例外規定に該当しない限り、原則として電子契約の締結を可能とすることも義務化されている。

　eIDAS 規則は、電子シールとは異なり、電子署名の証明力について特に規定していない。したがって、「適格電子署名」にどのような証明力を付与するかについては、加盟国の裁量とされているため、手書き署名が持つ証明力とは異なる形で規定される場合がある。例えば、ドイツの民事訴訟では、手書き署名を証拠として提出した者が、手書き署名の真正について立証責任を負う[21]。一方で、eIDAS 規則 32 条に定める要件に従い検証（validation）された「適格電子署名」は、真正が一応推定され、相手方が真正について重大な疑義を生じさせる反証を提出した場合に限り、署名の真正について、「適格電子署名」を証拠として提出した者に立証責任が生じることとされている[22]。

　この場合、「適格電子署名」は、手書き署名よりも強い証明力と持つといえるが、他の加盟国ではこれと全く異なる内容を規定することも可能である。

(4) 電子シール
(i) 定義と機能

　電子シールは、電子署名とは異なる目的を持った新しいタイプのトラストサービスである。まず、電子署名は自然人でなければ発行できないのに対し[23]、電子シールは法人のみ発行可能とされ

---

21)　ドイツ民事訴訟法第 440 条
22)　ドイツ民事訴訟法第 371a 条第 I 項第 2 文
23)　eIDAS 規則第 3 条 (9)

る[24]。また、電子署名は主に署名として使用されるが[25]、電子シールは、データの出所と完全性を保証するために電子形式でデータに添付される[26]。電子シールは、文書だけでなくデータ全般に添付することができるので、ソフトウェアなどの認証にも使用できる[27]。

　法人が法的取引を行う場合、基本的に、自然人である取締役や株主などが代表者となるため、電子シールではなく電子署名が使用される。そのため、契約締結には、電子シールだけでは足りないということになる。その一方で、加盟国は特定の法律行為について、電子署名の代わりに、又はそれに追加する形で、（適格）電子シールを使用すること義務付ける又は認める国内法を制定することも可能である[28]。例えば、EU委任規則2018/389では、フィンテックのサービスプロバイダと銀行は、電子シールの適格証明書を使った安全な通信インターフェースを相互に提供しなければならないとされる[29]。

　電子署名と同様に、電子シールにも「電子シール」「高度電子シール」「適格電子シール」があり、「高度」又は「適格」となる要件も電子署名の場合と同一である。

（ii）法的効力

　電子シールの法的効力は、電子署名とは異なり、手書き署名や手押し印鑑と同じとはされていない。その代わり、「適格電子シール」には、一定の証明力が付与されている。

---

[24]　eIDAS規則第3条(24)
[25]　eIDAS規則第3条(10)
[26]　eIDAS規則第3条(25)
[27]　eIDAS規則前文65
[28]　eIDAS規則前文58
[29]　EU委任規則2018/389第34条

具体的には、「適格電子シール」は「適格電子シールが付されたデータについて、その完全性と出所の正確性が推定」される[30]。

　「適格電子シール」は、その証明力に関して、EU加盟国で統一的に扱われなければならない。加盟国によっては、「適格電子シール」の証明力は、「適格電子署名」の証明力と異なる場合もある。

(5)　その他の法的効力

　電子署名、電子シール、そして「電子形式で保存された、特にテキスト、音声、映像、視聴覚記録などのコンテンツ」と定義される電子文書は[31]、電子的形式である、又は「適格」性を有していないという理由だけで、訴訟手続上、証拠能力を否定されることはないと定められている[32]。

　つまり、電子的に封印又は署名され、電子文書として保存された電子契約は、アナログ形式に変換せずとも、原則として裁判手続で直接証拠能力が認められる。

　また、ある加盟国で作成された「適格電子署名」と「適格電子シール」は、他の加盟国でも受け入れなければならないとされる[33]。

　このように、eIDAS規則上電子署名と電子シールは、それぞれ「適格」性がある場合にのみ特別な法的効力を与えられるが、証明力に関しては扱いが異なる。

---

30)　eIDAS 規則第 35 条第 2 項
31)　eIDAS 規則第 3 条 (35)
32)　eIDAS 規則第 25 条第 1 項、同第 35 条第 1 項、同第 46 条
33)　eIDAS 規則第 25 条第 3 項、同第 35 条第 3 項

4 eIDAS 規則が実務に与える影響

(1) 電子契約の有効性

eIDAS 規則は、契約の形式要件に関する加盟国の法律に影響を及ぼさない。2000 年の電子商取引指令では、原則として電子的手段による契約締結を認めるよう加盟国に義務付けたが、この原則には例外がある。したがって、加盟国は、契約の種類ごとに異なる形式要件を自由に決めることができ、電子商取引指令が認める例外の範囲内で、電子的手段による契約の締結を完全に排除することもできる。

そのため、ある契約が電子的な手段で締結可能か、締結できる場合はどのような電子署名が必要かについては、契約の種類や加盟国ごとに、ケースバイケースで検討しなければならない。ただし、電子商取引指令の例外規定の範囲はかなり狭いため、EU 域内では一般的に電子契約が認められていると考えてよいであろう。

(2) 裁判手続での電子契約の証拠能力

eIDAS 規則では、電子契約が電子形式であるという理由だけで、裁判での証拠能力を否定してはならないと明記しているため、電子契約は原則として証拠能力が認められる。

ただし、eIDAS 規則は、電子署名と電子シールの証明力に関し、「適格電子シール」についてのみ規定を置いており、加盟国間でその証明力を同じように扱うよう義務付けられているのは「適格電子シール」のみといえる。そのため、「適格電子署名」や「適格」性のない電子署名や電子シールの証明力は、各加盟国の国内法によって決まる。

5　まとめ

　電子契約に関する現行のEU法は、EU加盟国で電子契約を締結する際の条件を部分的に標準化させているに過ぎない。

　各加盟国で自由に決められる裁量の幅が大きいため、同じタイプの契約でも、ある加盟国では、他の加盟国で認められている形式とは異なる電子署名が必要になることも考えられる。また電子商取引指令の例外規定に当てはまれば、加盟国は電子的手段による契約の締結を完全に排除することも可能となっている。

　eIDAS規則は、電子契約について一般的に裁判手続での証拠能力を認めることで、一定の標準化をもたらしたともいえるが、実際の証明力は、それぞれの加盟国の国内法に依存する（ただし、「適格電子シール」については例外的に一定の証明力が与えられている）。

　最後に、EU域内で電子的手段による契約締結を行う際は、関連する加盟国の法律でそれが認められているか、よく検証することが求められよう。また、従来の契約と比較して不利となることのないよう、電子契約の証明力についても確認することが推奨される。

Chapter 5

海外契約を巡る
電子契約システムの現状

［執筆］土肥　渉

この章では、各国での電子署名の状況や、電子契約の普及状況などを説明する。なお、説明にあたってドキュサインの例が多く用いられることを予め了承いただきたい。世界中ではもちろん、様々な電子署名サービスが提供されているが、その中でもドキュサインは2003年からいち早く電子署名サービスを展開し、現在180ヵ国以上、40を超える言語で、数億人のユーザーがいる。母数が多いため、例として挙げるには最適と考える。

また地域的には、主に電子署名先進国である米国、並びに欧州における状況を中心に説明する。それ以外の地域、例えばアジア諸国に関しては、法律的な部分や、クラウドテクノロジーの普及という点から、電子署名の普及はまだまだ進んでいない。日本企業が電子署名で契約を進める多くの場合が、現時点では欧米企業であろう、という状況から考えても、この2つの地域に焦点をあてて説明するのが適切かと考えた。

1 各国の電子署名に関するルールとドキュサインの対応

最初に Common Law と Civil Law に関して説明する。これは電子署名技術にも影響してくるので、はじめに簡単に取り上げる。世界各国で定められる法律は Common Law（英米法）と Civil Law（大陸法）に大分される。Common Law の国の例としては、米国、英国、カナダ、オーストラリアが挙げられる。Civil Law の国は、欧州（英国以外）、南米、そしてアジアのほとんどの国（日本含む）がある。実は、これは国ごとの電子署名の普及に影響している。電子署名は本人性の担保や真正性の証明という部分において、法律をどのように解釈していくかで、普及の進捗が変わってくる。米国や英国、カナダ、オーストラリア

で普及が進んでいるというのは、言語の問題もさることながら、このことも理由として挙げられる。

【図表 5-1】英米法・大陸法を巡る分布

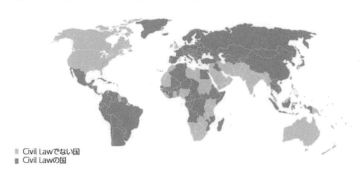

■ Civil Lawでない国
■ Civil Lawの国

　この法体系は、電子署名に関するルールに様々な影響を及ぼす。例えば、Common Law の国では、「必要最小限」もしくは「比較的寛大な」モデルとして、電子署名が手書き署名と同等の法的効力を持つ。一方 Civil Law の国では、様々なタイプの電子署名に異なる法的効力を持たせて区別する、段階構造のアプローチが一般的に採用されている。また Civil Law のいくつかの国では規範的なアプローチをとっており、そこでは電子署名の法的有効性が特定の技術ガイドラインを満たさない限り認められない、とされている。

　電子署名システムを設計されるにあたり、この Common Law と Civil Law のどちらの下での法解釈でも利用できるようにすることは非常に重要である。もちろんドキュサインはどちらでも利用できるよう対応している。

ドキュサインは2003年に米国で電子署名サービスを提供開始した。現在は180ヵ国以上で利用され、40を超える言語に対応している、おそらく世界で一番利用されている電子署名サービスだろう。現在（2020年9月）時点で、世界で数億人のユーザー（署名者や起票者）がドキュサインのサービスを契約や合意の形成に利用しており、1日あたり100万件以上のトランザクション（電子文書）を処理している。

ドキュサインでは現在の電子署名の市場規模を約250億ドル（約2兆7000億円）と見積もっている。2020年4月の時点でドキュサインの年間売上は、約10億ドル（約1080億円）であるので、それと比較すると、電子署名市場は今後も大きく成長し続けると考えられる。逆に言うと、世の中のまだアナログ、つまり紙と署名（判子）のトランザクションが多いということである。

(1) 電子署名（electronic signature）とドキュサイン

最初に言葉の定義であるが、ここで「電子署名」と呼ぶのは、日本ではいわゆる「事業者（署名）型」又は「立会人（署名）型」と呼ばれている、主にクラウドでのサービスをベースとした電子署名サービスのことを示す。英語では、一般的に「eSignature」もしくは「electronic signature」と呼ばれているものである。

一方、「当事者（署名）型」と呼ばれるものを、「デジタル署名」と呼ぶ。英語では「digital signature」と表記される。署名者がそれぞれ、認証局などから電子証明書を取得して署名する方法である。その歴史は電子署名よりも古いが、日本でも欧米でも、それほど普及していない。主な理由は、電子証明書を取得するに

あたっての技術的な難しさや煩雑さ、コストや時間にあると思われる。また、例えば国をまたいだ当事者間で署名をする場合などを考えると、その手間の多さから敬遠されがちになる。

　さて、電子署名の歴史を紐解くと、一般的には2003年の米国にたどり着く。不動産の取引が非常に煩雑であったために、その契約を簡素化しようとして、ドキュサインが電子署名を開発、サービスを提供し始めた時期である。

　当事者型のものと異なり、クラウドもしくはSaaSのサービスで提供され、最小限では電子メールアドレスだけでログインして署名することができる使いやすさから、不動産取引で広く普及し、保険の契約や銀行の口座開設、携帯電話の契約など、B to Cで普及が進み、現在ではB to Bの契約でも電子署名の利用は広く進んでいる。

　なお、ドキュサインが提供する電子署名サービスは、国ごとの違いはほとんどなく、グローバルで同じサービスを提供している。また、他社からもクラウドベースで電子署名サービスが提供されているが、概ね同じような仕組みになっていると考えられる。

【図表 5-2】電子署名方式（デジタル署名）とドキュサインの
　　　　　　電子署名方式の違い

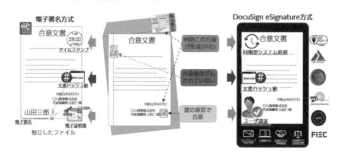

余談になるが、ドキュサインの場合を例にとると、世界中で1日に処理されるエンベロープ数（合意・契約書などのトランザクション／電子文書の数）は、先でも述べたが、全世界で100万を超える。営業日で単純に積算すると、年間で2〜3億の文書がドキュサインの電子署名で締結されていることになる。もちろん、世界各国にはドキュサイン以外のベンダーも電子署名サービスを行っているので、その数を考慮に入れると、世界全体での電子署名サービスの普及度合いを想像してもらえるだろう。

　ただしここで注記しておきたいのは、電子署名は契約書だけに使われるわけではなく、社内の稟議書や申請などのトランザクション、つまり、紙と手書き署名（もしくは判子）を必要とする、ありとあらゆる文書に利用されている、ということである。つまり上記の数字は契約書のみならず、合意書、稟議書、申込書、申請書など、紙と手書き署名が必要な文書を電子化した数ということになる。

(2)　ドキュサインの電子署名の仕組み

　ここでドキュサインの電子署名サービスの仕組みを簡単に紹介する。起票者は契約・合意を行う文書をクラウド上にあげ、署名個所と署名相手を設定して、相手にクラウド上の文章のアクセスURLを送信する。署名者は電子メールアドレスと追加認証で本人を確認する。その後、クラウドにある文書にアクセスして、文書に署名行為を行う。この署名行為が必要な人数分だけ行われ、その文書は合意・契約された、ということになる。クラウドを活用した極めて簡単な仕組みである。

　署名者がドキュサインのクラウドで署名行為を行う際、ドキュサインのクラウドは暗号鍵により文書の非改ざん性を担保

する。この時点ではまだ電子署名は付与されない。ドキュサインの
クラウドで署名行為が行われた文書は原本としてバイナリーファ
イルの形でクラウド上に保管される。これをダウンロードして、
PDFのフォーマットで確認することができる。

【図表5-3】ドキュサインが提供する立会人型の電子署名サービス

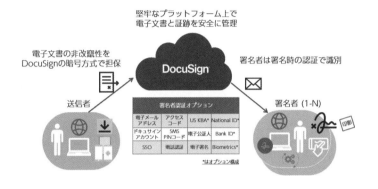

　署名者若しくはユーザーが、クラウド上の原本のコピーを
PDFとしてダウンロードする際、そのPDFにはエントラスト
（Entrust）社が発行した電子証明書で電子署名が付与され、保護
される。このPDFをAcrobat Readerなどで開く際、この証明
書が検証され、先に行われた署名行為による署名（電子署名）が
認証される。
　またドキュサインは、PAdESなどの長期署名の標準にも準拠
するように設計されている。ドキュサインで署名されたPDFを
開く際に電子署名が検証されるが、この際にはLTV（長期検証）
が有効であるため、検証に問題がない状態を常に確認できる。
　エントラスト社の証明書の有効期限などが切れている場合で

あっても検証に必要な失効情報等が埋め込まれているため、PDFファイル自体が改ざんされていない限りは、検証に問題がない状態を維持する。PDF を Acrobat Reader などで開く際に黄色で警告メッセージが表示されることもあるが、この警告は、署名時の電子証明書の有効性を Acrobat Reader などで完全に確認できないことを意味する。

　ドキュサインで署名された文書の有効性は、ドキュサインのアカウント内にその文書が保管されている限り維持される。Acrobat Reader などで署名証明書を検証できるかどうかは文書の有効性には影響しない。PDF をダウンロードするときに、エントラスト社の電子証明書が適用された電子署名で PDF が保護され、改ざん防止用のシールが施される。この PDF 文書が改ざんされた場合、PDF リーダー（Acrobat Reader、Nitro PDF など）により改ざん防止用シールの破損が検出され、別の赤い警告メッセージが表示される。

⑶　ドキュサインの電子署名の証拠能力

　具体的に、従来の手書きによる署名とドキュサインの電子署名に関して、その証拠能力を比較してみる。【図表 5-4】の左側が従来までの紙＋手書き署名の例であるが、これは人が手書きで署名し、かつ日付を記載している。情報的にはそれだけである。

　一方ドキュサインの電子署名（製品名：DocuSign eSignature）は、日付と署名だけでなく、必要に応じてオプションで、詳細なタイムスタンプ、エンベロープ（合意・契約書などのトランザクション／電子文書）受信者の電子メールアドレス、アクセスと署名に使用されるすべてのデバイスの IP アドレス、加えてより高度な ID 証明ポイントを提供する。また、その情報はすべて署名者

の意図の証拠を保持するために、非常に安全なコンテナに保存される。

【図表 5-4】手書きの署名、ドキュサインによる署名の比較

手書きの署名　　　　　　　ドキュサインによる署名

　そしてドキュサインでは、1通ごとのエンベロープごとに監査証跡を提供している（ドキュサインのサービスでは「エンベロープ履歴」と呼ぶ）。この監査証跡は、トランザクション発生時にドキュサイン上で自動的に作成され、付随する契約とともにPDFとして保存できる。

　この監査証跡は、例えば契約の完了証明書として、万が一係争になった場合でも証拠としてすぐに利用することができる。例えば、誰かが署名の有効性に異議を唱えた場合でも、法的手続の証拠として認められる。監査証跡（完了証明書）には、署名者の名前、電子メールアドレス、IPアドレス、追跡履歴、署名者を認証するための追加手順（アクセスコードなど）、タイムスタンプなど、トランザクションに関するすべての関連情報が含まれている。

【図表 5-5】ドキュサインのエンベロープ履歴（監査証跡）

DocuSign.
SECURED

Certificate Of Completion		
Envelope Id: BFA6029B86794A02B832C6F655D01B0F		Status: Completed
Subject: DocuSignで送信: 特別会員入会申込書.pdf		
EnvelopeType:		
Source Envelope:		
Document Pages: 2	Signatures: 2	Envelope Originator:
Certificate Pages: 5	Initials: 0	Wataru Doi
AutoNav: Enabled		221 Main Street
EnvelopeId Stamping: Enabled		Suite 1000
Time Zone: (UTC-08:00) Pacific Time (US & Canada)		San Francisco, CA 94105
		Wataru.Doi@ docusign.com
		IP Address: 210.228.146.102

Record Tracking		
Status: Original	Holder: Wataru Doi	Location: DocuSign
7/30/2018 7:49:21 PM	Wataru.Doi@ docusign.com	

Signer Events	**Signature**	**Timestamp**
Wataru Doi ■■■■■@ docusign.com DocuSign, Inc. Security Level: Email, Account Authentication (None)	土肥 渉	Sent: 7/31/2018 11:45:29 PM Viewed: 8/1/2018 12:18:25 AM Signed: 8/1/2018 12:18:35 AM
	Signature Adoption: Uploaded Signature Image Using IP Address: 210.228.146.102	
Electronic Record and Signature Disclosure: Accepted: 10/21/2018 7:30:40 PM ID: 129243cd-129c-4c0d-a76c-90c8dea87833		

In Person Signer Events	**Signature**	**Timestamp**

Editor Delivery Events	**Status**	**Timestamp**

Agent Delivery Events	**Status**	**Timestamp**

Intermediary Delivery Events	**Status**	**Timestamp**

Certified Delivery Events	**Status**	**Timestamp**

Carbon Copy Events	**Status**	**Timestamp**
■■■■■@ cbousign.com Channel Sales Director DocuSign, Inc. Security Level: Email, Account Authentication (None)	COPIED	Sent: 8/1/2018 12:18:36 AM
Electronic Record and Signature Disclosure: Not Offered via DocuSign		
■■■■■ Security Level: Email, Account Authentication (None)	COPIED	Sent: 8/1/2018 12:18:38 AM Viewed: 8/1/2018 2:53:16 AM
Electronic Record and Signature Disclosure: Not Offered via DocuSign		

Notary Events	**Signature**	**Timestamp**

Envelope Summary Events	**Status**	**Timestamps**
Envelope Sent	Hashed/Encrypted	8/1/2018 12:18:38 AM
Certified Delivered	Security Checked	8/1/2018 2:53:33 AM
Signing Complete	Security Checked	10/21/2018 7:36:52 PM
Completed	Security Checked	10/21/2018 7:36:52 PM

Payment Events	**Status**	**Timestamps**

Electronic Record and Signature Disclosure		

なお、証拠能力となると、その合法性に関して係争となるケースが気にかかる。しかし、電子署名の歴史が長い米国においても、ドキュサインを含む電子署名で締結された契約の合法性に関して係争となったケースは極めて稀である。これは、電子署名が社会で広く認知されかつ採用されていることと（ドキュサインだけで10億を超える署名トランザクションの蓄積がある）、UETA法並びにESIGN法（いずれも後述）の有効性によるものと想像される。

　ドキュサインは、米国の管轄区域（2019年6月まで）において、DocuSign eSignature サービスが使用されたと裁判所が指摘したとの報告がされた係争を調査した。これらの判決のいずれにおいても、ドキュサインの署名がESIGN法の対象となる使用方法において紙と手書き署名と同等の法的効力を持つことを否定していなかった。

　また、何件かの裁判所命令が出されたことが2017年から2019年に確認されたが、これらの訴訟の多くは、もともと電子署名を使用した契約が認められていないケースであった（このような使用例は明示的にESIGN法上除外されている）。これらに関して、より詳細を知りたい場合は、ドキュサインのウェブサイトにある「Court support for electronic signatures in the United States」（英語）と題する資料を参考いただきたい。

3	米国における電子契約に関する法律／レギュレーションと取組み

　電子署名の普及は、その法整備と政府の利用度合いが与える影響が非常に大きい。ここでは米国と欧州の状況を見てみる。

⑴　米国における電子署名の状況

　米国の法の下において電子的に契約を結ぶことは合法的なこととされている。このことは、1999 年に州で法律化された Uniform Electronic Transaction Act（UETA 法）、ならびに 2000 年に連邦で法律化された Electronic Signature in Global and National Commerce Act（ESIGN 法）が、電子署名による契約や電子的記録の有効性や法的効力を保証したことで裏付けられている。ESIGN 法は、州間及び海外との貿易における電子記録と電子署名の利用を認めたため、電子署名の普及が進んだ。

　ただし米国では、このような法律の制定が仮になかったとしても、ほとんどの場合で電子的に契約を結ぶことは、あくまでも契約であるということで、基本的には適法とされる。

　このような状況の中、前述のとおり、ドキュサインは 2003 年に煩雑な不動産取引の簡素化を目的に電子署名サービスの提供を始めた。それ以降、保険や銀行などの金融業界の B to C 取引で普及し、さらにそこから、あらゆる業界で企業間の B to B 取引に広く利用されるようになった。

　ドキュサインは企業間の取引だけでなく、米国のパブリックセクターにおいても広く活用されている。2020 年 8 月時点で、50 の州の、1300 以上の連邦、市、郡、並びに各種組織で利用されている。州によっては車の規定速度超過違反の反則切符をドキュサインを利用して発行している州もあれば、またさらに進んで、いわゆる notary（公証人）サービスを電子的に行う eNotary というサービスも提供されている（後述 5 ⑵）。

【図表 5-6】米国のパブリックセクターでドキュサインを採用している地域（2020 年 8 月）

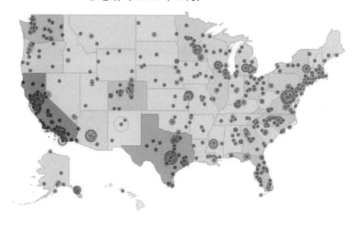

(2) 米国における電子署名法の経緯

　米国では、2000 年に連邦法である ESIGN 法が可決された。この法の下、契約のすべての当事者が電子文書を使用し、それらに電子的に署名することを選択した場合、電子署名と記録が法的に承認される。

　ESIGN 法に先駆けて、1999 年に UETA 法が制定されていた。同法は 48 の米国の州、およびコロンビア特別区とアメリカ領ヴァージン諸島及びプエルトリコ自治連邦区（2020 年 6 月時点）で採用されている。UETA 法は、法律が書面又は署名のいずれかを要求する場合、トランザクションの当事者が電子的に続行することに同意した場合、電子的記録または電子署名がその要件を満たすことができると規定している。

　UETA 法と ESIGN 法は、電子的記録と電子署名が従来の紙の文書や手書きの署名と同じ重みと同じ法的効力を持つことを確認

することで、商業における電子的記録と電子署名の使用に関する法的状況を固めた。つまり、

・電子形式であることだけが理由で、契約、署名、又は記録が法的効力を否定されない。
・トランザクションに関連する契約は、その形成に電子署名又は電子的記録が使用されたという理由だけで法的効力を否定することはできない。

ということを確認した。

(3) UETA 法と ESIGN 法

前述のとおり、米国における ESIGN 法と UETA 法は、電子署名が米国法の下で有効であると解釈している。それには以下の4つの主要な要件がある。

① **署名の意図** 従来の手書き署名のような電子署名は、各当事者が署名することを意図した場合にのみ有効である。

② **電子的にビジネスを行うことに同意** 取引の当事者は、電子的にビジネスを行うことに同意する必要がある。同意されたビジネスであることの確立は、相互作用の状況を分析することによって行うことができる。また、消費者には特別な考慮を必要とする。電子的記録は、消費者が以下の条件を満たしている場合にのみ、消費者とのトランザクションで使用できる。

   −UETA 法で定められる、消費者の同意に関する開示を受け取っている。
   −取引に電子的記録を使用することに関して肯定的に同意している。
   −上記の同意を撤回していない。

③ **署名とレコードの関連付け** ESIGN 法及び UETA 法に基づく電子署名であることの認証を得るため、トランザクションのキャプチャに使用されるシステムは、署名が作成されたプロセスを反映する関連レコードを保持するか、テキスト又は電子署名で実行されたことを証明するグラフィックステートメント（署名されたレコードに追加される）でなければならない。

④ **記録の保持**　電子署名及び電子トランザクションに関して、契約又は記録を保持する資格を持つすべての当事者又は個人が参照できるように、電子署名の記録を保持し、正確に複製できる必要がある。

　ドキュサインが提供する電子署名ソリューションは、これらの要件を満たしている。つまり、ESIGN 法への準拠が保証されている。

［ 4 ］ EUにおける政府による電子契約に関する法律／レギュレーションと取組み

　EU では、eIDAS（Electronic Identification and Trust Services）規則により、電子署名に法的な効力と拘束力が認めらている。日本企業の中には EU 諸国の企業との取引が多い企業も多数あると思われるので、eIDAS 規則に関する説明に少し文字を割く。

(1) eIDAS 規則に関して

　eIDAS 規則は、EU 加盟国の国境を越えて市民、ビジネス、公的機関のために便利で安全な電子取引を可能にすることを目的として、2016 年 7 月 1 日に施行された。EU 規則の No 910/2014 とされる。この規則は相反するあらゆる国内法よりも優先されるもので、すべての EU 加盟国に「直接の効果」があり、すなわち強制的に完全適用される。eIDAS 規則は電子署名に関する指令（eSignature Directive 1999/93/EC）を置き換えるもので、EU 全域にわたる電子署名の法的枠組みと、新たに定義された電子的「トラストサービス」の範囲を定めている。

⑵ EU における電子署名の定義

eIDAS 規則では、electronic signature（電子署名）、advanced electronic signature（高度電子署名）、そして qualified electronic signature（適格電子署名）の 3 種類の電子署名が定義されている。

⒤ Electronic signature（電子署名）

eIDAS 規則の定義では、「電子データに添付されている又は論理的に関連付けられる電子形式のデータで、署名者が署名として使用するもの」を含む、あらゆる電子署名の広いカテゴリーをカバーしている。言い換えれば、署名者が同意あるいは承認の証拠として文書に適用する署名の電子的な形式である。これには、署名のスキャン画像、ウェブサイト上の［同意します］などのボタンのクリック、及びドキュサインの電子署名も含まれる。

ⅱ Advanced electronic signature（高度電子署名）

より高いレベルで署名者の同一性、セキュリティ、改ざん防止用のシールなど特殊な要件を満たすことが義務付けられた種類の電子署名である。eIDAS 規則では、以下の要件が定められている。

- ・署名者と一義的に紐づけ可能であること
- ・署名者の同一性を確認できること
- ・署名者において独自に管理可能な高い信頼性を持つ電子署名生成データを用いて生成されること
- ・署名時のデータに紐づけられており署名後の改ざんが検出可能であること

ⅲ Qualified electronic signature（適格電子署名）

EU 加盟国において特別な法的ステータスを持ち、手書きの署名と法的に同等とみなされる電子署名である。これは特殊な電子署名で、advanced electronic signature の要件を満たし、適格

な電子署名生成デバイスを使用して生成され、かつ適格な認証、つまり EU が定める信頼リスト（EU Trusted List：ETL）に掲載され EU 加盟国に認証されたトラストサービスプロバイダが発行した証明書によって裏付けられたものでなければならない。トラストサービスプロバイダは署名者の同一性及びその署名の信頼性を保証しなければならない。qualified electronic signature は署名者の同一性と署名者認証が非常に厳しいため、一般的なビジネス取引にとっては実用的でない場合が多い。

(3) eIDAS 規則に基づく電子署名の認容性と法的有効性

eIDAS 規則は、各形式の電子署名は EU の法廷における証拠としての認容性があると保証しており、電子形式であることのみを理由として法的有効性が否定されることはないとしている。

電子署名を用いて締結された取引の強制力は、使用された署名の種類とそれに組み込まれた証拠を含む、様々な要素により異なる。例えば、メールの末尾に入力された名前の法的有効性は、トラストサービスプロバイダ（TSP）による裏付けや EU 加盟国による規制など、複数の EU 技術標準を満たし、有意な署名者情報が組み込まれた qualified electronic signature よりも劣ると考えられる。

eIDAS 規則では、取引のどの場面で署名が実際に必要であるか、どのような種類の署名が必要であるのか、などは述べられていない。つまり、EU 加盟国は、①電子的に署名できない取引や、② advanced electronic signature や qualified electronic signature などの高レベルな形式の電子署名が必要になる取引について、各国の法律で定めなければならない。qualified electronic signature は手書きの署名と同等の法的有効性を持ち、

EU 加盟各国において相互に認められている。

(4)　eIDAS 規則と欧州の電子署名技術標準

　eIDAS 規則は技術的に中立であるが、欧州委員会による電子署名の勧告技術基準に照らして認定されたトラストサービスプロバイダは、eIDAS 規則について「準拠していると仮定」できる。実際のところは、加盟国全部ではなくとも大半の国でトラストサービスプロバイダに対して EU 信頼リスト（ETL）に含まれる前にこの技術標準を満たすことを求めている。

　この技術標準は EU のトラストサービスプロバイダを規制し認定するもので、次に対応する標準を含む。

・advanced electronic signature や qualified electronic signature を含む、eIDAS 規則の定義する様々な電子署名の仕様
・トラストサービスプロバイダ並びに EU 信頼リストの認定と管理についての仕様
・電子 ID 及びその保証レベルの技術仕様

　なお、ドキュサインの Standards-Based Signature（標準ベースの署名）製品ポートフォリオは、署名者の同一性を検証する幅広い手法を用意しており、EU の勧告技術標準に照らして個別に認定されている。このポートフォリオにより、advanced electronic signature や qualified electronic signature を含め、eIDAS 規則で定義されるすべての種類の電子署名が提供される。

(5)　EU での利用状況に関して

　ドキュサインがロンドンに拠点を設けサービスを提供し始めたのが 2011 年で、それから EU 諸国での普及が始まった。そして2015 年にドキュサインは仏オープントラスト社のデジタル署名

ならびに認証 ID 技術の部門を買収した。同社の製品は EU で正式に認可を受けていたので、その技術と顧客基盤を買収したことで、ドキュサイン／電子署名の EU 地域での導入がより一層進んだ。

そして、2020 年に新型コロナウイルス（COVID-19）の感染が広がり、国がロックダウンを行い、企業が在宅勤務を従業員に推奨するようになってから、電子署名の利用はさらに広がった。通常の企業間の B to B 取引などに加え、例えばドイツにおけるオンライン診療による電子診断書、電子処方箋の発行になどにドキュサインが利用されるようになった。具体的には、TeleDoctor 24 という企業が、コロナ禍で通院が難しい状況にある既存、新規両方の患者にサービスを提供している。

電子処方箋に関しては、ドキュサインの eSignature と Identify（身元確認ソリューション）を利用することで、法的にも効力があり、eIDAS 規則の基準も満たしている。同社ではコロナ禍で医師を迅速に雇用するため、医師の登用や登録手続にもドキュサインを利用している。ドイツでは連邦保健省が遠隔医療の利点を実感し、医療制度の改革を図っているという。

また、スペインの銀行最大手であるサンタンデール銀行は、新型コロナウイルス（COVID-19）に関する融資業務をドキュサインの電子署名を利用して行っている。フランスの保険大手ゼネラリ社も、生命保険の契約にドキュサインの電子署名を利用し始めた。保険に関しては、日本同様 EU 加盟国でも、損害保険の申込み（住宅や車）に関しては電子化が進んでいたが、本人確認のハードルから生命保険に関しては遅れていた。これがコロナ禍と電子署名技術の発展により、このようなことにも使われるようになっている。

5　最近の技術の流れ
—— ID Verification（個人IDの検証）、電子公証人サービスなど

本章の最後に電子署名関連の最新技術の流れを記しておく。

(1)　ID Verification（個人IDの検証）サービス

当事者型のデジタル署名が費用や技術的要件、導入の煩雑さなどから普及が進まなかったという話は前述のとおりだが、一方個人認証をより確実な形で行いたいというニーズは、特定の取引では引き続き存在する。それは日本では例えばIDセルフィのような運用で実現されることがあるが、海外では、例えばドキュサインの場合だとDocuSign Identifyという製品で、ID Verification（ID検証）が提供される。

DocuSign Identifyは、あらゆる識別方法を契約に結び付けるオープンなプラットフォームである。DocuSign Identifyは、署名者の政府ID又はヨーロッパのeIDの検証を自動化する、ID検証サービスを提供する。

【図表5-7】DocuSign Identifyが利用できる国（2020年8月時点）

デンマーク (nemID)
スウェーデン (BankID)
フィンランド (FTN)、ノルウェー (BankID)
英国、フランス、ドイツ、イタリア、アイルランド、ポーランド、ポルトガル、スペイン、ルーマニア (PhotoID)
オランダ (iPhotoID and DIN)
エストニア (smart card)
ベルギー (PhotoID, itsme ならびに smart card)

米国ならびにカナダ (PhotoID*)

メキシコ (PhotoID)

ブラジル (smart card)

オーストラリア (運転免許証)

*PhotoID: パスポートや運転免許証、ナショナルIDなど政府が発行する写真付きID

⑵ eNotary（電子公証人）サービス

　米国では、公証人が必要な行為を行う場合に、関係者すべて（送信者、署名者、公証人）の公証プロセスを完全にデジタル化するサービスが提供されている。ドキュサインでは、DocuSign eNotary という製品を提供している。この製品を利用することで、公証人は文書の電子署名に対する直接的な証人として行動することができる。

　DocuSign eNotary は、カリフォルニア州、ニューヨーク州、テキサス州、フロリダ州を含む 12 を超える米国の州で利用できる[1]。利用可能な州で委託された公証人は、公証人の行為に関する州固有の要件に従っている間、DocuSign eNotary を使用することになる。

　一部の管轄区域の公証人は、DocuSign eNotary を使用して、電子的に文書を立証し、文書の実行を認証できる。公証人ジャーナルはすべての電子公証セッションを記録し、詳細は修了証にも記載される。

　本サービスの注意点としては、現時点（2020 年 8 月）では、リモート（ウェブミーティングサービスなど）での利用はまだ使用できず、デジタルでの対面署名での場合のみの活用となる。ただし、これに関しても状況は変わっていくので、詳しくはドキュサインのウェブサイトから確認いただきたい。

　最後に、本章に書いたことを参照して海外取引に電子署名の利用を検討される場合、実際に運用する前に、各自で電子署名のサービスプロバイダや各社の顧問弁護士に相談し、個別によく調査

---

1)　2020 年 8 月時点。最新情報はドキュサインのウェブサイトにて確認できる。

【図表 5-8】Nortary Journal（公証人ジャーナル）の例：
米国ワシントン州

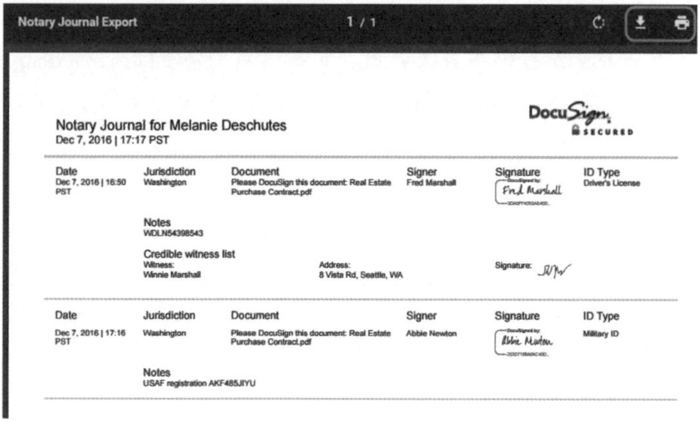
Notary Journal Export 1 / 1

DocuSign SECURED

Notary Journal for Melanie Deschutes
Dec 7, 2016 | 17:17 PST

Date	Jurisdiction	Document	Signer	Signature	ID Type
Dec 7, 2016 | 16:50 PST	Washington	Please DocuSign this document: Real Estate Purchase Contract.pdf	Fred Marshall	Fred Marshall	Driver's License

Notes
WDLN54398543

Credible witness list
Witness: Winnie Marshall
Address: 8 Vista Rd, Seattle, WA
Signature:

Date	Jurisdiction	Document	Signer	Signature	ID Type
Dec 7, 2016 | 17:16 PST	Washington	Please DocuSign this document: Real Estate Purchase Contract.pdf	Abbie Newton	Abbie Newton	Military ID

Notes
USAF registration AKF485JIYU

した上で、運用いただくことをお願いする（ドキュサインでは仮にその場合に不利益が発生した場合でも責任は取りかねることをご理解いただきたい）。

Chapter 6

各国リスクの分析と判断

法務部長と弁護士の対話から

[執筆] 佐々木毅尚＝久保光太郎＝松村正悟

1 各国への導入にあたって

(1) 最初に検討すること

これまでの章で、電子契約に関する基礎的な法令調査が終わり、いよいよ海外各国における電子契約システム導入へ向けて、具体的な検討を始めることができる段階に入った。調査結果を見ると、調査対象国としたすべての国々で電子契約に関連する何らかの法令がすでに存在している。グローバルレベルで見ると、当初の予想を超えて、意外なほど電子契約の導入へ向けた周辺環境が整備されているように感じる。

それでは、導入へ向けて何を検討すべきか？　前述のとおり、電子契約システムには、大まかに区分すると「当事者署名型」（ここでは、いわゆる公開鍵暗号方式を利用したデジタル署名を契約当事者自身が行う方式を指す）のサービスとそれ以外の仕組みを使ったサービス、いわゆる「事業者署名型」（契約当事者ではなく電子契約ベンダーがクラウド上でデジタル署名を行う方式）と称されるサービスがある。ここでいう当事者署名型と事業者署名型という区分は、法令上の区分ではなく、各電子契約システムがいずれの区分に属するかは、各ベンダーがどのような仕組みを採用しているかによる。最初の課題としては、それぞれの国々で、どちらのサービスが利用できるかについて、法令調査をベースに判断を行う必要がある。企業としては、コストの安いタイプを選択するインセンティブが高く、まずは事業者署名型を選択できるかどうかが、実務を行う上で重要な判断となる。

(2) 当事者署名型と事業者署名型の選択

電子契約システムとして事業者署名型を選択する場合は、まず

対象国の法令に照らして事業者署名型が有効と認められるか否かが最初の関門となる。日本では、いわゆる電子署名法によって「電子署名」が定義されているが、電子署名法上の「電子署名」に該当しないとしても、それによって契約が無効になったり、証拠として使えなくなったりするわけではなく、法律上書面性が要求される場合を除き、事業者署名型による電子契約も有効である（なお、日本での近時の動きにつき本書11〜12頁、及び19頁のコラム参照）。ただし、様々なリスクがあることから、事前にしっかりとしたリスク分析を行って導入を検討する必要がある。また、今回調査対象とした国においては、必ずしも日本と同じ考え方ではなく、法令上一定の要件を満たす当事者署名型と事業者署名型について、法的効力を認めるという定め方をしている国もあり、両方式に差がない国もある。したがって、まずは各国法が電子署名をどのように定義しており、各電子契約ベンダーの提供するサービスの方式が、各国法の要件を満たすものかどうかを吟味する必要があるといえる。

特に事業者署名型による場合は、ベンダーの提供するサービスが各国法令で定められた要件を満たしているかどうか、サービスの内容を詳細に確認する必要がある。実務的な見地で見ると、当事者署名型と事業者署名型を区分して検討するというよりは、事業者署名型が法令の要件を満たしているかどうかを確認することが重要であるケースが多い。

また、導入にあたっては、ベンダーと現地弁護士とのコミュニケーションが重要であるが、ベンダーサイドも現地弁護士サイドも明確に法令に適合していると言い切らないことが想定される。つまり、弁護士サイドは法令で定められた要件を抽象的にコメントし、ベンダーサイドはセキュリティの仕組みを詳細にコメントし、あてはめは各企業が独自で行うというケースが想定される。

法令の要件とセキュリティの仕組みをあてはめる作業は、想像以上に難しく、漠然とした回答の中で判断せざるを得ないケースもあり、高度なリスク判断能力が求められるケースが多いため、法務部門としての判断力が試される業務の1つである。

　他方、当事者署名型による場合、法令要件の検討を省略できるケースが多く楽であるが、相手方にも電子署名を利用できる環境が必要となる上に、契約当事者自身が電子証明書を取得しなければならないなど導入コストが高いため、運用の可能性について慎重な検討が必要となる。

⑶　運用問題

　仮に法令調査の結果、電子契約システムが導入可能であっても、果たして実際に運用できるかどうかという課題が残っている。どの法体系の国においても、契約は、双方の合意の下に成立し、この合意の中には、契約条項だけではなく、契約書のサインや捺印をどのように行うかが含まれる。つまり、こちらが電子契約サービスの利用を望んでいても、相手方が電子契約を拒絶すれば、サービスの利用を断念せざるを得ない。おそらく、電子契約サービスが浸透していない国々では、法令が整備されていても、電子契約の有効性に疑問を持つ企業が多く、電子契約サービスの利用に対して大きな抵抗感を持っていると推測される。したがって、企業取引における電子契約サービスの浸透度合いも、重要な判断要素として検討しなければならない。まさに、電子署名法が施行された当時の日本がそのような状況であったと考えられる。

⑷　対象となる契約書

　日系企業が海外で電子契約を利用するケースを契約当事者とい

う視点で区分すると、①日本の本社と海外企業、②海外子会社と海外企業、③日本の本社と海外子会社の3つの類型に区分される。

まず、日本の本社と海外子会社間の契約は、グループ会社間契約であり、契約書の有効性を争うケースはほぼないと考えられることから、事業者署名型を利用することが有効な場面の1つであると考えられる。ただし、海外子会社が税務調査等の行政調査を受ける際に、問題が発生しないかどうか確認を行う必要がある。

また、日本の本社と海外企業、海外子会社と海外企業については、電子契約の対象となる契約書の分量を考慮する必要がある。例えば、海外子会社で1年間に契約書が10件程度しかない場合は、コストメリットがほぼなく、そもそも電子契約を導入する必要性を検討しなければならない。海外子会社への導入にあたっては、何よりも実際に電子契約システムを利用する当事者とのコミュニケーションが重要である。

(5) マニュアル整備と研修

電子契約システムを導入する場合、システムを利用する社員に対する教育・啓蒙が非常に重要である。特に、書面又はデータで運用マニュアルを作成する必要があり、ベンダーの協力を得ながらマニュアルを作成し、教育・啓蒙を行う。よって、導入にあたっては少なからず労力が必要となるが、周知活動こそが、電子契約システムを無用の長物にさせないために最も重要な手続であることを意識しなければならない。

また、海外子会社で現地社員がシステムを利用する場合は、言語が壁になるケースがあり、注意が必要である。例えば、電子契約システムの言語設定が日本語・英語の場合、利用するスタッフが日本語・英語を使えなければシステムを利用することができな

い。この点を見ても、実際にシステムを利用する現地とのコミュニケーションが重要となる。

(6) ベンダーの選択

電子契約ベンダーについては、現地ベンダーを利用するケースと、グループ統一で同じベンダーを利用するケースがある。多言語展開ができるベンダーは限られており、現地ベンダーとの併用を検討するケースも多い。

(7) コストメリットの追求

アジアを中心とした国々では、雇用契約を定期的に更新する国が多く、工場を持つ製造業では、毎年、大量の雇用契約が締結されている。雇用契約が最も件数の多い契約類型となっているケースが多く、電子化されると大きなコストメリットを生むと考えられる。ただし、対個人の契約であり、システムへのアクセスといったインフラの問題があることから、導入へ向けたハードルは高いと考えられる。

2 導入へ向けた検討

実際に各国へ電子契約システムを導入するにあたり、どのような論点で導入へ向けた検討を行うのか、読者の多くの方々が興味を持つと考えられる。

ここからは、企業の法務部長と日本弁護士との間で、現地弁護士から取得した意見書をベースにして、電子契約システムを導入するための法律相談が行われているという想定で、検討のプロセスを伝えていきたい。なお、検討プロセスの内容は、あくまで一

例として筆者ら個人の見解を示したものである（また、各自が属する組織での実例を示すものではない）。現実に導入を検討される際には、改めてベンダーや現地弁護士等の専門家の助言を仰ぐことをお勧めする。

3　各国ごとの検討

中　国

法務部長　まずは、中国への導入を検討したいと思います。2000年代の初め、中国は、サプライチェーンの中で製造拠点という役割を担っていましたが、現在は、世界有数の消費地となっており、企業にとって製造拠点と消費地という両面を持つ国となっています。このような環境を背景として、契約書の量も増加しており、近年は、中国国内企業同士の契約書の量が増加しています。また、国民生活の中でITの浸透度合いが高く、いわゆる代金の電子決済の浸透率は、日本を大きく上回っています。中国政府も国民生活の中でのITの活用を強く後押ししており、自動運転、顔認証といった技術が高いレベルで研究され、いわゆるスマートシティ構想が複数の都市で実現化されています。

弁護士　法制度という視点で見ると、中国はここ数年で大きく整備が進み、成立している法律を見ると先進国と同じか、分野によっては世界有数の厳しい規制が導入されているという状況ではないかと実感しています。また、政府のIT活用に対する意欲は強く、実際に現地を訪問してみると、国民へのITの浸透度も高いと感じます。

法務部長　ところで、電子契約システムを導入するにあたり、法的な側面から見るとどうですか？

弁護士　中国では、一部の契約を除いて、電子契約は適法な書面形式とされており、電子署名法によって、詳細が規定されています。

法務部長　当方しては、コストメリットのある事業者署名型を導入したいと考えていますが、法律上可能でしょうか？

弁護士　中国法上、信頼性のある「電子署名」は手書きの署名・捺印と同等の効力を有するとされています。信頼性のある電子署名と認められるためには、法令上、電子署名は署名者自身によって管理されるものであることが必要とされているようです。したがって、当事者署名型を用いるほうが安全であると考えられます。

法務部長　そうすると事業者署名型の利用は微妙で、安全性を考えると当事者署名型という選択になりますね。ビジネスの規模が大きく、契約書の量が多い国なので、電子契約のニーズは高い国の1つです。ただし、契約の履行や法の執行に不安がある国であるため、法的なバックグラウンドがしっかりしていないと、導入へ向けたハードルが高くなります。

　あと、サイバーセキュリティ法の関係で、中国国外のサーバーに契約書等のデータをアップロードして大丈夫かという問題もありますね。そうすると、導入するのであれば、中国国内のベンダーを使ったほうが安全です。

弁護士　確かに各種のリスクを考えると中国のベンダーを使ったほうがよいと感じます。現地弁護士からの情報によると、現地ベンダーは相当数あるそうです。

法務部長　結論として、中国で電子契約システムを導入する場合は、必ず当事者署名型を使い、かつ、現地のベンダーを使う必要がありますね。そうすると、コストメリットの観点から見ると、相当数の契約書が現地で締結されていなければ、メリットが出な

いことになります。

　また、現地ベンダーを利用するとなると中国語対応が必須で、中国語で電子契約システムの運用を管理できるスタッフが必要となります。おそらく、現地で契約書の量が相当数あり、中国語で運用ができるスタッフがいる企業は、検討の余地がありそうですね。

　ただし、現地ベンダーが複数存在し、中国政府の後押しを受けて法整備も進んでおり、一気に契約書の電子化が進む可能性があります。ここ1〜2年程度、現地企業における電子契約システムの導入状況を観察して、流れに乗り遅れないようにする必要があると感じています。

弁護士　そうですね。中国政府も各種手続の電子化を推進しているようなので、電子契約もわりと早く浸透するかもしれません。

法務部長　何かにつけて動きが早い国なので、流れに乗り遅れないように注意しつつ、今後の動きに注目します。あと、電子契約システムを運用できる法務スタッフが現地にいるため、まずは、現地ベンダーを使って当事者署名型で始めたいと思います。

香　港

法務部長　香港は、民事法の領域で訴訟制度を含めて一国二制度が維持されているため、英国法の影響が色濃く残っています。また、いわゆるタックスヘイブンであるため、販売子会社や地域統括会社を設立している会社も多く、当社も販売子会社があります。最近の話題としては、中国が香港国家安全維持法を成立させました。現在のところ、日系企業のビジネス面では大きな変化を感じませんが、今後、ビジネスへの影響がどの程度出るか注意が必要ですね。

弁護士 まさに一国二制度で、訴訟制度も法体系も中国本土とは異なります。金融機関が多数進出しており、ビジネスの中で約款系の契約が多いと考えられるため、中国本土に比べると、電子契約の利用も進んでいると感じます。

法務部長 香港は、民事法が中国と大きく異なっていますが、電子契約システムを導入するにあたり、法的な側面から見るとどうですか？

弁護士 香港では、電子契約は紙の契約と同様の法的効果と執行力を持つとされており、Electronic Transactions Ordinance (Cap. 553)（以下「ETO」という）によって、電子契約と電子署名の詳細が規定されています。

法務部長 香港の法律では、電子署名についてどのような規定を置いているでしょうか？

弁護士 日本の実務上の当事者署名型と事業者署名型と厳密に対応するものではありませんが、ETO 上、digital signature と electronic signature の区別が存在します。digital signature は、非対称暗号方式及びハッシュ関数の技術や公開鍵・秘密鍵を用いたものであり、electronic signature のほうが広い概念と理解されます。electronic signature であっても、一定の要件を満たす限り、有効であることが ETO 上、明記されております。

法務部長 そうすると、香港で電子契約システムを導入する場合は、事業者署名型を使うことが可能ですね。

弁護士 おそらく可能だと思いますが、念のため法令の要件を確認する必要があります。

法務部長 分かりました。ベンダーの提供する事業者署名型が法令の要件を満たしているかどうか、サービスの内容を確認する必要がありますね。法令の文言は曖昧なことが多いため、ベンダーの

サービスが要件に該当するかどうか正確に判断することが難しいケースもありますが、概ね7割から8割程度の精度で確認できれば導入する方向です。

　あと、現地では英文契約が多く、ビジネスでも英語が通用するため、言語対応にそれほど気を遣う必要はありません。わりとスムーズに電子契約システムを導入できそうな気がします。

弁護士　現地弁護士によると、重要な契約についてはなお書面によるべきという意識が強いということですが、中国本土に比べると、電子契約システムのスムーズな導入が可能であることは間違いないと思われます。

法務部長　現地の動向を踏まえて、重要な契約を除いて、事業者署名型で始めたいと思います。

法務部長　台湾ですが、法制度が日本とかなり似ており、日本の常識が通用するケースが多いと感じます。人口は約2,300万人

台　湾

と少ないですが、古くから製造業が盛んです。近年は、鴻海やTSMCといったITに関連する世界的な大企業が活躍しており、これらの企業と取引を行っている多くの日系企業が子会社を設立していて、当社も販売子会社があります。また、IT浸透度も高く、インターネットの普及率は日本に近い水準です。

弁護士　確かに台湾の法制度は日本と似ています。親日的なので、日系企業との取引も多く、社会へのIT浸透度も高いという印象を受けます。

法務部長　台湾で電子契約システムを導入するにあたり、法的な側面から見るとどうですか？

弁護士　台湾では、一定の形式性を要求する契約を除いて、電子

契約の形式により締結することが可能とされています。「電子簽章法」（電子署名法）によって、電子署名の詳細が規定されています。

法務部長　台湾の法律では、電子署名についてどのような規定を置いているでしょうか？

弁護士　台湾法上、電子署名は、電子書類に添付及び関連付けられ、電子書類の署名者の身元、資格及び電子書類の真偽を識別及び確認するために用いられるものと定義されており、いわゆる事業者署名型はこれに該当するものと整理できます。

　加えて、台湾法上、公開鍵暗号を用いた電子署名として「數位簽章」というものが存在しています。①認証サービスプロバイダが法に基づき発行した証明書を使うこと、②証明書が有効かつ使用範囲を超えていないことという2つの条件を満たした場合に有効となるため、安全性が高く、証拠としての価値も高いといえます。したがって、この「數位簽章」を使ったほうが安全と考えられます。もっとも、「數位簽章」に該当しない電子署名が証拠として使えないというわけではありません。当事者署名型はこの「數位簽章」に該当し得ると考えられます。

法務部長　そうすると、台湾で電子契約システムを導入する場合は、「數位簽章」を使うほうが安全ですね。ただし、さほどリーガルリスクが高い国ではないため、日本と同じ感覚で、一部の重要な契約を除いて事業者署名型を導入することも可能ではないかと考えます。

弁護士　そうですね。契約書の締結状況を分析して、一定の範囲で事業者署名型を導入することも可能だと思います。

法務部長　現地で契約書の量はそこそこあり、事業者署名型を導入するニーズはあります。

あと、現地では中国語の契約書が多く、ビジネスでも中国語が要求されるケースが多いため、中国語に対応できるベンダーを起用する必要がありますね。

弁護士　現地弁護士からの情報によると、現在のところ手書き署名が一般的で、電子契約システムを導入しているのは一部の大手企業やIT企業にとどまっているようなので、相手方が電子契約を積極的に受け入れるかどうか疑問があります。

法務部長　なるほどそうですか。急いで導入するのではなく、電子契約の浸透度合いを見て判断したほうがよさそうですね。

```
┌─────────────┐
│             │
│      韓 国   │
│             │
└─────────────┘
```

法務部長　韓国ですが、こちらも法制度が日本とかなり似ており、日本の常識が通用するケースが多いと感じます。この国も古くから製造業が発展し、多くの世界的な大企業が活躍しているため、これらの企業と取引を行っている日系企業が数多く存在し、当社も製造子会社と販売子会社があります。また、人口も5,000万人を超え、一人当たりのGDPも30,000ドルを超えていることから、消費地としても魅力があります。IT環境を見ると、NEXONなどの日本でサービスを提供するIT企業が活躍し、国民へのIT浸透度も高く、インターネットの普及率は日本を超えています。これらの観点から考えると、電子契約システムの導入について有望な国の1つではないかと考えています。

弁護士　この国は、確かに日本と法体系が似ている印象があります。政府もIT強国を超え、AI強国にというビジョンを掲げていて、いくつかの分野では、日本よりもIT環境が整備されているようですね。

法務部長　韓国で電子契約システムを導入するにあたり、法的な

側面から見るとどうですか？

弁護士 韓国では、電子文書及び電子取引基本法で、電子契約を含む電子的形態を用いた文書が有効であるとされており、電子署名法で、電子署名の詳細が規定されています。

法務部長 韓国の電子署名法において、電子署名はどのように定義されていますか？

弁護士 近時改正された韓国の電子署名法における「電子署名」の定義は、署名者の身元と、署名者が当該電子文書に署名したことを表すために、電子文書に添付され、又は論理的に結合された、電子的な形態の情報、という比較的緩い定義です。いわゆる事業者署名型も広くこの「電子署名」に含まれ得ると思われます。

なお、現地弁護士からのコメントによると、電子署名法の中に公認電子署名というものが定義されています。もっとも、2020年、電子署名法の改正があり、この改正により公認電子署名は廃止されるようです。

法務部長 そうすると、韓国で電子契約システムを導入する場合は、事業者署名型のスキームを使うことが可能なようですね。販売子会社と製造子会社があるため契約書の量が多く、電子契約システムを導入したい国の1つです。

特に製造子会社では、韓国語が社内言語となっており、契約書も韓国語が多く、ビジネスでも韓国語が要求されるケースが多いため、韓国語に対応できるベンダーを起用することが必須になりますね。

弁護士 現地からの情報によると、電子契約の法令は整備されましたが、まだ浸透しているとは言えない状況であるようです。ただし、今後、法改正によって一気に浸透する可能性があります。

法務部長 法改正は、実務に大きなインパクトを与えますね。電

子署名法の改正を契機として、これから韓国で、一気に事業者署名型による電子契約が浸透する可能性があるため、今後の動きに注目します。まずは、時流に遅れを取らないよう、トライアルとしての位置付けで、事業者署名型を使って始めてみようと思います。

法務部長　シンガポールは、法体系が英国法由来で、東南アジアのビジネスの中心地であることから、日系企業がたくさん進出

シンガポール

しています。また、いわゆるタックスヘイブンであることから、販売子会社や地域統括会社を設置する企業も多く、当社も販売子会社があります。IT浸透度の観点から見ると、行政手続の電子化が相当進んでいます。シンガポールはいわゆるIT化先進国と呼ばれていて、ビジネスで契約書を締結する機会も多いことから、この国も電子契約の導入について有望な国の1つではないかと考えています。

弁護士　まさにシンガポールは、東南アジアのビジネスの中心ですね。法制度は整備されており、運用も安定していると感じます。あと、古くから行政手続のIT化を進めており、アジアの中では、最もIT化が進んでいる国の1つになっているようです。

法務部長　シンガポールで電子契約システムを導入するにあたり、法的な側面から見るとどうですか?

弁護士　シンガポールでは、Electronic Transactions Act (Chapter 88) によって、電子契約と電子署名の詳細が規定されています。一般的な契約成立要件を備えていれば、電子契約も有効とされています。

法務部長　シンガポールの法律では、電子署名についてどのよう

な規定を置いているでしょうか？

弁護士　現地の弁護士からのコメントによると、シンガポール法では、electronic signature と secure electronic signature という2種類の電子署名が規定されています。日本の実務で言う当事者署名型は secure electronic signature に該当すると考えられます。他方、事業者署名型については、secure electronic signature に該当するかどうかは不明確ですが、少なくとも electronic signature には該当すると考えられます。

　シンガポール法上、secure electronic signature については、その電子署名が署名者の意思に基づくことや文書の非改ざん性などが推定されます。これに対し、それ以外の electronic signature についてはそのような推定効はないため、別途、裁判において立証が必要となります。もっとも、裁判においてその有効性が認められた事例もあるようです。

　いずれにせよ、重要な文書については secure electronic signature、それ以外の文書については secure electronic signature でない electronic signature を用いる、といった使い分けも考えられると思われます。

法務部長　そうすると、シンガポールで電子契約システムを導入する場合は、当事者署名型を用いることが安全ですが、一定の範囲で事業者署名型を使うことが可能ですね。子会社の規模が大きく契約書の量も多いため、電子契約システムを導入することによってコストメリットが出ます。あと、英語が公用語の1つであるため、ベンダーの選択肢が広く、スムーズに電子契約システムを導入できそうです。

弁護士　現地からのコメントによると、シンガポールでは電子契約や電子署名が一般的に活用されているようです。

法務部長　電子契約システム導入へ向けて、ある程度周囲の環境が整備されているようなので、一定の範囲で事業者署名型を使って、本格的に始めたいと思います。

| フィリピン |

法務部長　フィリピンは、スペイン統治が長かったため、法体系は大陸法の色彩が濃いものとなっています。以前は不安定な政治環境と治安に問題がありましたが、近年は政治が安定して治安も回復しています。ただし、依然として法執行は不安定で、突然、派遣労働者を工場の作業員として雇用できないといった通達が出ることがあったりします。また、人口が1億人を超えており、若年層の人口が多く、労務費も高くないため、最近は製造業の日系企業が多く進出しており、当社も製造子会社があります。

弁護士　フィリピンは、近年、法整備が進み、競争法が整備され、個人情報保護法の運用も強化されていると聞きます。このところ、政治、経済が安定しており、日系企業も約1,300社が進出しているそうです。

法務部長　フィリピンで電子契約システムを導入するにあたり、法的な側面から見るとどうですか？

弁護士　フィリピンでは、Electronic Commerce Act of 2000 (Republic Act No. 8792) で、電子書面は紙面と同様の法的効力と執行力を有するとされており、貿易産業省及び科学技術省の共同省令（Joint Administrative Order No. 2 of 2001）で、電子署名の詳細が規定されています。

法務部長　フィリピンの法令を見ると、電子署名についてどのような規定を置いているでしょうか？

弁護士　現地弁護士のコメントによると、フィリピンでは、

electronic signature、secure electronic signature、digital signature という 3 種類の電子署名があります。当事者署名型は digital signature に含まれると考えられます。これに対して、事業者署名型がいずれの電子署名に位置付けられるかは不明確ですが、少なくとも electronic signature に該当すると考えられます。電子署名を付した電子書面を裁判所で証拠として使用するためには、当該電子署名の名義人と署名者とが同一であるほかに、①法令が指定する適切なセキュリティ上の措置が当該電子書面に用いられていること、②その他裁判所において認定可能な程度の完全性及び信頼性を備えていることを要求しているようです。

法務部長　そうすると、フィリピンで電子契約システムを導入する場合は、事業者署名型を使うことが可能ですね。ただし、裁判所で証拠として使用するためには、一定の要件があるようなので、この国もベンダーの提供する事業者署名型が、法令で定められた要件を満たしているかどうか、サービスの内容を詳細に確認する必要がありますね。

　あと、この国も英語が公用語であるため、ベンダーの選択肢が広く、スムーズに電子契約システムを導入できそうです。

弁護士　現地弁護士からの情報によると、電子契約が比較的広く使われているようです。

法務部長　この国も電子契約がある程度認知されているようで、契約書の量がそこそこあるため、事業者署名型で始めてみたいと思います。

　あと、フィリピンの製造子会社の社員数が多く雇用契約が大量にあるため、これを電子化すると大きなコストメリットが出ます。ただし、フィリピンは、国民への IT 浸透度やインターネットの普及率がいまひとつで、労働紛争も多いことから、雇用契約は電

子契約の対象として見送ったほうがよいと考えています。また、同じような理由で、小規模取引先との契約についても少し心配があります。

弁護士　そのとおりですね。法的には可能であっても、実務として難しいケースではないかと思います。まずは、企業間の取引に絞って導入することが安全だと思います。

法務部長　ある程度の規模の企業との取引に関連する契約書を対象にとして、事業者署名型で始めたいと思います。

法務部長　タイは、法体系が大陸法で、自動車産業が進出しているため製造業の裾野が広く、多くの日系企業が進出しており、当社も販売子会社と製造子会社があります。政治は不安定ですが、なぜか経済はあまり影響を受けないという、ちょっと変わった側面を持つ国でもあります。また、腐敗度認識指数は、世界の中で中位以下に位置しているため、行政との関係に気をつける必要がある国です。

弁護士　タイは、トヨタ、日産、ホンダ等の日系自動車メーカーを含む多くの自動車メーカーが工場を持ち、自動車産業を中心に製造業が発展しています。日系企業は、約 1,700 社が進出しているそうです。法整備は東南アジアの中では比較的進んでいる国ですが、解釈と運用基準が不明確でトラブルになるケースが多々あるようです。

法務部長　タイで電子契約システムを導入するにあたり、法的な側面から見るとどうですか?

弁護士　タイでは、Electronic Transactions Act B.E.2544 (2001) によって、電子契約と電子署名の詳細が規定されています。同法

において、電子契約は適法な形式と規定されています。

法務部長 タイの法律では、電子署名についてどのような規定を置いているでしょうか？

弁護士 現地弁護士のコメントによると、電子署名の区分は特に設けられていないようです。したがって、当事者署名型と事業者署名型との間で法律上の扱いに差異はないと考えられます。ただ、タイの Electronic Transaction Act に、法的有効性が認められるための要件が定められていますので、同法に適合するものであるかどうか、慎重に吟味したほうがよいと思われます。また、紛争になった場合、裁判所が電子署名の有効性をどの程度認めるかは不明確だそうです。

法務部長 そうするとタイでは、電子署名に関する法令は存在していても、裁判所における電子署名の証拠力は不明確なのですね。要するに争ってみないと分からない状態ですね。現実的な問題として、法令はあっても、裁判所が電子署名の有効性を認めない可能性を指摘されている状況では、電子契約システムの利用は難しいと言わざるを得ません。アジア圏の法律問題を検討するにあたって、よくある典型的なパターンですね。

あと、当社の場合は、契約書の量もそれほど多くないことから、この国への導入は、見送ったほうがよいと考えます。

弁護士 現地からの情報でも、電子契約はあまり浸透していないようなので、慎重に対応したほうがよいと思います。

法務部長 ある意味、この国では、電子契約に関する紛争事例が出るまで待ちたいと思います。慌てる必要はないため、しばらく様子を見ます。

法務部長　マレーシアは、英国統治下にあったため、法体系は英米法系です。また、

マレーシア

13 州と 3 つの直轄領から構成される連邦国家です。古くから電気機器企業の製造拠点があり、当社の販売子会社はマレー半島に、製造子会社は労務費が比較的安いボルネオ島にあります。また、マレー系、中華系、インド系の住民が暮らす多民族国家であるため、共通言語として英語が広く通用しています。

弁護士　マレーシアは、東南アジアの中では比較的法整備が進んでいますが、やはり執行の場面で課題があるようです。また、半島部と島部で法規制が異なることがあるため、注意が必要です。日系企業は、約 1,500 社が進出しているそうです。

法務部長　マレーシアで電子契約システムを導入するにあたり、法的な側面から見るとどうですか？

弁護士　マレーシアでは、Electronic Commerce Act 2006（以下「ECA」という）で、電子契約の形式による契約が法的に有効であるとされており、Digital Signature Act 1997（以下「DSA」という）で、電子署名の詳細が規定されています。

法務部長　マレーシアの法律では、電子署名についてどのような規定を置いているでしょうか？

弁護士　マレーシア法上、ECA において定義される electronic signature と、DSA において定義される digital signature の 2 種類があります。

　現地弁護士からのコメントによると、digital signature は認証局により発行された証明書に記載されている公開鍵を参照する暗号システムを使用した電子署名であり、この電子署名を付した契約書を裁判で証拠として用いることが可能だそうです。

他方、electronic signature は、ECA における所定の要件を満たす限りは法的に有効であり、証拠としても使用可能です。当事者署名型と事業者署名型の区別はマレーシア法上の digital signature と electronic signature に必ずしも対応するものではありませんが、事業者署名型は少なくとも electronic signature に該当すると考えられます。サービス事業者がどのような仕組みを採用しているかを確認することが必要です。

法務部長　そうすると、マレーシアにおける事業者署名型の有効性は、ベンダーが提供するサービスの内容によるということになりますね。この国もベンダーの提供する事業者署名型が、法令で定められた要件を満たしているかどうか、サービスの内容を詳細に確認する必要があります。法令の要件が明確であればいいですが、不明確だとかなり苦労しそうな予感がします。

　あと、実際に電子契約システムを利用するとなると、コストメリットの観点から、相当数の契約書が現地で締結されていることが前提になります。また、契約の相手方が電子契約に対応できるかどうかという根本的な問題もあります。当社の場合、現地の契約書の量がそれほど多くないことから、この国への導入は、見送ったほうがよさそうですね。

弁護士　現在のところ、電子契約があまり浸透しておらず、契約書の原本を確保することが一般的であるようなので、無理をする必要はないと思います。

法務部長　今後、現地で契約書の量が増えれば、事業者署名型で始めることを検討したいと思います。

| インドネシア |

法務部長 インドネシアは、オランダ統治下にあったことから、法体系は大陸法です。言語法によって、インドネシア企業との契約についてインドネシア語の使用義務が定められており、契約書の記載内容も一部影響を受けるため注意が必要です。近年、政治が安定しており、人口は2億7,000万人で若年層が多く、労務費も比較的に安いレベルであるため、多くの日系企業が製造子会社を設立しています。

弁護士 インドネシアの法制度は、民族と宗教の多様性を反映し、非常に複雑で難解であるといわれています。法規制の内容が曖昧で、条文解釈に不明確な点が残されていることも珍しくありません。また、訴訟制度の運用に課題があり、訴訟リスクが高い国と言われています。日系企業は、約1,500社が進出しているようです。

法務部長 インドネシアで電子契約システムを導入するにあたり、法的な側面から見るとどうですか？

弁護士 インドネシアでは、法律（Law No. 11 of 2008 regarding Electronic Information and Transaction as amended by Law No. 19 of 2016）及び政府規則（Government Regulation No. 71 of 2019 regarding Implementation of Electronic System and Transaction）で電子契約の有効性や電子署名の要件が規定されています。今回調査対象とした国々の中でも、電子署名に関する規制がやや複雑になっている印象を受けます。

　特にインドネシアで注意しなければいけないのは、契約書の言語に関するルールです。契約当事者がインドネシア企業である場合にはインドネシア語を使用しなければならないというルールは、電子契約の場合にも適用されるようなので注意が必要です。

法務部長　インドネシアの法律を見ると、電子署名についてどのような規定を置いているでしょうか？

弁護士　現地弁護士のコメントによると、インドネシア法における電子署名は Uncertified Electronic Signature と Certified Electronic Signature の 2 種類に区分されています。Certified Electronic Signature はインドネシアの電子認証事業者による電子認証や電子署名生成デバイスの使用が条件付けられています。他方、Uncertified Electronic Signature の場合でも、署名者の特定や事後の改ざん検知が可能な仕組みとなっていなければなりません。

法務部長　当事者署名型と事業者署名型の違いがはっきりしないようですね。

弁護士　当事者署名型と事業者署名型は、あくまで日本における区分なので、それを無理にこの国の区分に当てはめようとすると混乱するかもしれませんね。

　　また、現地では電子契約があまり活用されておらず、裁判所の有効性の認定に不安を残すようです。

法務部長　これまで見た、香港、フィリピン、マレーシアの事例と同じで、この国もベンダーの提供する事業者署名型が法令の要件を満たしているかどうか、サービスの内容を確認する必要がありますね。確かに、当事者署名型と事業者署名型の区分というよりは、事業者署名型が法令の要件を満たしているかどうかを確認することが重要です。あと、導入にあたって、ベンダーサイドもはっきり有効ですと言いにくいことが想定されるため、漠然とした回答の中で判断するケースが多くて大変だと思います。また、現実的に見ると、電子契約が浸透していない環境下で、当事者署名型を使うことは、ほぼないと考えられます。

当社の場合、現地の契約書の量がそれほど多くないことから、この国への導入は、見送ったほうがよさそうですね。

法務部長　ベトナムは、フランス統治下にあったため、法体系は大陸法です。また、人口は約1億人で若年層が多く、労務費も比較的に安いレベルであるため、近年、チャイナプラスワンの製造拠点として日系企業の進出が増えています。政治体制は、共産党による一党独裁制ですが、経済は市場経済化が進んでおり、中国と同じ環境にあります。

弁護士　ベトナムも近年、積極的に法整備を進めており、法改正も頻繁に行われているようですが、法令相互間の不整合や執行に課題があるようです。日系企業は、約1,900社が進出しているそうです。

法務部長　ベトナムで電子契約システムを導入するにあたり、法的な側面から見るとどうですか？

弁護士　ベトナムでは、Law on E-transactions 2005 により、電子契約の形式により締結された契約も有効とされています。また、同法に、電子契約と電子署名の詳細が規定されているようです。

法務部長　ベトナムの法律を見ると、電子署名についてどのような規定を置いているでしょうか？

弁護士　ベトナム法における電子署名には electronic signature と digital signature の2種類があります。まず Law on E-transactions 2005 において、electronic signature は「文字、数字、記号、音声その他の電子的形式で、データメッセージに論理的に添付され、又は関連付けられた、署名者の特定が可能であり、かつ当該署名者が契約内容を承認していることを証明する能力を有するも

の」と比較的緩く定義されていますので、いわゆる事業者署名型は electronic signature に含まれ得ると思われます。

さらにベトナムでは、これとは別に政令（Decree 130/2018/ND-CP）において digital signature というものが規定されています。当事者署名型は digital signature に含まれると考えられますが、事業者署名型が digital signature に含まれるかどうかは不明確です。なお、現地弁護士からのコメントによると、2020年3月時点で、digital signature の認証サービスを提供するライセンスを取得しているベンダーは15社あるとのことです。

法務部長　そうすると、当事者署名型を採用して、ライセンスを取得している現地ベンダーを使うことが安全ですね。

弁護士　そうですね、あと、現地からの情報によると、これまでは電子契約があまり検討されていなかったようですが、今般のCOVID-19の影響で現地企業が導入を検討し始めているようです。今後は電子契約の普及が進んでいくかもしれません。

法務部長　当社の場合、現地の契約書の量が少ないことから、現在の状況を考えると、現時点ですぐに導入するのではなく、しばらく現地の動向を見ながら判断したほうがよさそうですね。

インド

法務部長　インドは、英国統治下にあったことから、法体系は英米法です。また、28州と9つの直轄領からなる連邦国家で、人口は13億人を超えており、巨大な多民族国家でもあります。製造拠点として、消費地としての両面で魅力のある国ですが、法制度や税制が複雑で、世界の中で法務関係者を最も悩ませる国の1つになっています。また、インドは、IT大国と呼ばれるほどIT産業が発展していますが、格差が激しい社会構造で、一概

に IT が国民に浸透しているとは言えない状況です。まさに平均値で語れない国がインドであると言えます。

弁護士 インドは、古くから法体系の整備が進んでいるようですが、訴訟の件数が多く、訴訟が遅延することで有名です。また、連邦法と州法があり、一定の商取引や租税等について州法が適用されることがあるため注意が必要です。日系企業は、約 1,400 社が進出しているそうです。

法務部長 インドで電子契約システムを導入するにあたり、法的な側面から見るとどうですか?

弁護士 インドでは、電子契約は一般に有効とされており、情報技術法(Information Technology Act, 2000)によって、電子契約と電子署名の詳細が規定されています。

法務部長 インドの法律では、電子署名についてどのような規定を置いているでしょうか?

弁護士 情報技術法上、electronic signature と digital signature の 2 種類が存在します。現地弁護士のコメントによると、証拠力等の差はなく、いずれも利用可能とのことです。

法務部長 そうすると、インドで電子契約システムを導入する場合は、事業者署名型のスキームを使うことが可能ですね。あと、英語が公用語であるため、ベンダーの選択肢が広く、スムーズに電子契約システムを導入できそうです。

| 米　国 |

法務部長 米国は、改めて語るまでもなく契約社会で、日々の企業活動の中で多くの契約書が生まれています。また、50 州と連邦区からなる連邦国家で、法体系は連邦法と州法で構成されているため、両方の法令を確認する必要がありますね。

弁護士　ご理解のとおり、米国の法体系は連邦法と州法で構成されており、契約法は基本的に州法であるため、両方の法令を確認する必要があります。

法務部長　当社は、カリフォルニア州とイリノイ州がビジネスの中心となっています。両州で電子契約システムを導入するにあたり、法的な側面から見るとどうですか？

弁護士　米国では、連邦法の Uniform Electronic Transactions Act と Electronic Signatures in Global and National Commerce Act によって、電子契約と電子署名の詳細が規定されており、各州はこれらの法に準拠しているようです。また、カリフォルニア州では Electronic Recording Delivery Act of 2004、イリノイ州では Electronic Commerce Security Act が制定されていますが、ほぼ同じような内容になっているようです。

法務部長　米国の法律を見ると、電子署名についてどのような規定を置いているでしょうか？

弁護士　現地弁護士のコメントによると、連邦法上は電子署名に関する区分はありません。イリノイ州法上は、electronic signature のほかに digital signature の規定が置かれていますが、証拠価値に関して法律上の違いはありません。したがって、当事者署名型も事業者署名型も使用可能と考えられます。

法務部長　そうすると、米国で電子契約システムを導入する場合は、事業者署名型を使うことが可能で、電子契約システムの導入も簡単そうですね。ただし、実務レベルで見ると、署名欄の PDF データの交換で署名手続を完了させる運用が定着しており、署名手続に関するコストがすでに相当削減されているため、改めて電子契約を導入するメリットは少ない可能性があります。一方で契約類型によっては、PDF データ交換ではない署名手続を行った

ほうが望ましいものもあり、これらの契約には、事業者署名型を使うことを検討できそうです。

ドイツ・英国	

法務部長　過去、EU加盟各国は1999年の電子署名指令をベースに独自の電子署名法を定めていたようですが、2014年7月に欧州委員会でeIDAS規則が採択され、現在ではすべての加盟国で直接適用されているようです。また、英国はEUを離脱しましたが、eIDAS規則は現在も有効に適用されるようです。したがって、ドイツと英国は、電子署名について、eIDAS規則に準拠していると考えられます。両国で電子契約システムを導入するにあたり、法的な側面から見るとどうですか？

弁護士　現地弁護士からの情報によると、eIDAS規則において電子署名は、electronic signature、advanced electronic signature、qualified electronic signatureの3種類に区分されているようで、それぞれ証拠力が異なっているようです。eIDAS規則では、qualified electronic signatureが法律上、手書きの署名と同様に扱われ、その他の方式は、電子署名のほかに契約書が真正に成立したことを補う証拠が必要で、証拠力が落ちるようです。当事者署名型はadvanced electronic signature又はqualified electronic signatureに該当し得ると考えられます。他方、事業者署名型がいずれに該当するかは不明確であるものの、少なくともelectronic signatureには該当すると考えられます。

　いざ紛争となったときの証拠価値という観点でいえば、advanced electronic signatureやqualified electronic signatureは比較的、証拠価値が高く、それ以外のelectronic signatureについては署名者の本人性や文書の非改ざん性などについて事後的

に立証できる仕様かどうかをしっかり吟味することが必要です。

法務部長　そうすると、ドイツと英国で電子契約システムを導入する場合は、まず、ベンダーの提供するサービスが、eIDAS 規則の中のどのカテゴリーに該当するかを確認する必要がありますね。

弁護士　もう 1 つの観点として、eIDAS 規則で法的効力が認められたトラストサービスを提供する事業者を適格トラストサービスプロバイダと呼ぶようなので、適格トラストサービスプロバイダとして認定されたベンダーを選ぶと安全です。

法務部長　なるほどそうですか。いわゆる当事者署名型が安全で、適格トラストサービスプロバイダという制度があるということですね。

　あと、別な観点から見ると、電子契約が浸透していれば、両国ともに日本と同じ感覚で、ある程度のリスクを覚悟し、法令上の規制がある一部の契約類型や一部の重要な契約を除いて、事業者署名型を導入することも可能だと思います。ところで、一般的に見て、両国では電子契約の利用が進んでいるのでしょうか。

弁護士　現地からの情報によると、電子契約が広く一般的に利用されているそうです。あと、英国よりもドイツのほうが保守的に運用されていると感じます。

法務部長　電子契約が社会で認知されているようなので、一部の契約で事業者署名型を使いたいと思います。また、適格トラストサービスプロバイダについても調べてみます。

ブラジル

法務部長　ブラジルは、ポルトガル統治下にあったため、法体系は大陸法です。また、26 州と連邦直轄地からなる連邦国家

で、人口は約2億1,000万人と多く、南米最大の経済大国となっています。法律は、頻繁に改正や解釈変更が行われて運用が不安定で、許認可手続は煩雑で長く、政府や労働者との紛争が多発し、世界の中で法務関係者を最も悩ませる国の1つになっています。

弁護士 ブラジルでは、Provisional Measure 2.200-2/2001（Medida Provisória No. 2.200-2, 24 de Agosto de 2001）によって、電子契約と電子署名の詳細が規定されています。

法務部長 ブラジルで電子契約を導入するにあたり、法的な側面から見るとどうですか？

弁護士 現地弁護士からの情報によると、Provisional Measure 2.200-2/2001によって、電子契約と電子署名が規定されており、ICP-Brasil（Infraestrutura de Chaves Públicas Brasileira）が、同法に基づく手続や電子署名の詳細を定めています。また、ICP-Brasilの認証を受けた方式を用いた電子書面が真正と推定されるようです。

法務部長 ブラジルの法律では、電子署名についてどのような規定を置いているでしょうか？

弁護士 ICP-Brasilの認証を受けた電子署名であれば、裁判所で真正の推定を受けることができるようです。また、ブラジルにおける裁判実務では、ICP-Brasilの認証を受けていない署名の有効性は、しばしば争点とされ、裁判所の判断も個別具体の案件ごとに判断する傾向にあるそうです。

法務部長 そうすると、ブラジルで電子契約システムを導入する場合は、ICP-Brasilで認証された電子署名を使うことが安全ですね。ベンダーの選定にあたっては、提供しているサービスがこれに対応しているかどうか確認が必要になります。

弁護士 現地からの情報によると、ウィズ・コロナの時代に突入

して、電子契約の利用が活性化しており、法務のデジタルトランスフォーメーションも進められているようです。一方で訴訟リスクの高い国であるため、注意が必要です。

法務部長　ICP-Brasil で認定された電子署名が当事者署名型なのか事業者署名型なのかは不明ですが、おそらく、当事者署名型ではないかと考えられますね。契約書の量は多く、訴訟リスクが高い国であるため、確実な当事者署名型の導入を検討します。

弁護士　この国も当事者署名型と事業者署名型を無理に当てはめようとすると、混乱するかもしれません。ICP-Brasil で認証された電子署名は何か？　というアプローチで検討したほうがよいと思います。

法務部長　この国は、電子契約システムについても法務関係者を悩ませる難しい国ですね。

| その他の |
| ケース |

(1)　契約当事者の国が異なるケース

法務部長　これまで、各国ごとに電子契約システムの導入を検討してきました。ここからは、いわゆる国をまたぐ契約について検討したいと思います。例えば、日本国籍企業とタイ国籍企業の間の契約で電子契約システムを使う場合、何を検討すればよいですか？

弁護士　まずは、契約書の準拠法条項と紛争解決条項を見る必要があります。それぞれ、どちらの国が選択されているかがポイントです。

法務部長　そうすると、契約書の準拠法が日本法で、かつ紛争解決の管轄地で日本が選択されている場合は、日本と同じ感覚で電子契約システムを使うことが可能ですね。

弁護士 クロスボーダーの契約における紛争解決条項において紛争解決手段を日本での訴訟や仲裁とすることに相手方が同意してくれるケースは、決して多くはないように思います。また、相手方が受け入れてくれたとしても、相手国において執行することが可能かについても検討が必要です。日本での訴訟や仲裁で勝訴したとしても、相手国での執行に際して、相手方が契約の成立の真正について、紛争を蒸し返してくるリスクも考慮する必要があります。

法務部長 あと、珍しいケースですが、準拠法が日本法で、紛争解決地はタイに分かれるという場合もありますね。

弁護士 このようなケースでは、理論的には日本の電子契約に関する法律が適用されると考えられますが、実際上、タイの裁判や仲裁において、日本法について十分な主張・立証が可能かという問題があります。特に、電子契約に関しては、各国ともに実務の蓄積が少ない分野であるため、実際に裁判、仲裁になった場合、どう判断されるのか、不明確性が大きいです。したがって、実務的には、電子契約を採用する場合、準拠法と紛争解決地に関して、複雑なアレンジをすることは避けたいところです。

法務部長 そうすると、クロスボーダー契約で電子契約システムを利用する場合は、準拠法や訴訟管轄だけではなく、執行の場面までを想定して、相手国の電子契約に関する法令を確認する必要がありますね。いままで、かなり安易に考えていたため、今後は慎重に対応していきたいと思います。

　ところで、これまでの経験では、アジア圏の企業から電子契約システムの活用を打診されたことはありません。ただし、今後は、打診を受ける可能性があるため、そのようなケースも想定しておかなければいけないと感じました。

⑵ グループ会社間のケース

法務部長 当社では、グループ会社同士の契約書がたくさんあります。これに電子契約システムを導入するかも課題になっています。

弁護士 グループ会社間契約については、署名者が多く、持ち回りで締結手続をすることが面倒なので、電子契約のニーズが高い分野ですね。電子契約を利用することができないかと企業から相談されることが多い契約類型の1つといえます。

法務部長 グループ会社間契約の場合、いわゆる当事者署名型ではなく、コストの安い事業者署名型を活用することが前提となります。グループ会社が多い大企業は、事業者署名型を活用して電子契約システムを導入するメリットは大きいと考えられます。特に、親会社が持株会社の場合は、マネジメントフィー等を子会社から徴収するため、親子間で多くの契約書が存在しています。

弁護士 当事者署名型と事業者署名型のいずれを使うかという問題は、究極的に考えると、事後的に本人性や改ざんの有無について、どこまで慎重にリスクを見極めることが必要かを判断すればよい問題です。この点、グループ会社間契約の場合、親子会社間で規律と信頼が醸成されていることから、通常、契約書の成立の真正性が争いとなる事例は、想定できないと考えられます。

法務部長 確かにそうですね。当社の場合も、グループ会社同士が契約書の成立の真正性を巡って裁判所で争うケースは、まず想定できません。特に親子会社間で、そのような紛争が発生する可能性は、ないといってよいと思います。

　グループ会社同士で締結する契約書は、事業者署名型で十分ですね。

弁護士 はい、そのような判断でよいのではないでしょうか。

法務部長　電子契約システムの導入について、弁護士と協議を行い、現地の法令、現地の契約書の分量、契約に関するカントリーリスク、電子契約の浸透状況等を総合的に検討した結果、当社の意思決定は、以下の表に記載のとおりになりました。

まとめ

　意思決定の内容は、あくまで当社としての現時点の価値判断であり、情勢は流動的であるため、随時、内容を見直していく必要があると考えています。

当社の電子契約システム導入に関する意思決定一覧

国　　名	導入方式	コメント
中国	当事者署名型	契約書の量が多く、当事者署名型を導入。
香港	事業者署名型	一部で事業者署名型を導入。
台湾	様子見	今後の普及状況を見て検討。
韓国	事業者署名型	当事者署名型と事業者署名型の区分がない。
シンガポール	事業者署名型	一部で事業者署名型を導入。
フィリピン	事業者署名型	一部で事業者署名型を導入。
タイ	導入せず	あまり普及しておらず、法的な効果が不明確。
マレーシア	導入せず	あまり普及しておらず、契約書の量が少ない。
インドネシア	導入せず	あまり普及しておらず、法的な効果が不明確。
ベトナム	様子見	今後の普及状況を見て検討。
インド	事業者署名型	当事者署名型と事業者署名型の区分がない。
米国	事業者署名型	当事者署名型と事業者署名型の区分がない。
ドイツ	事業者署名型	一部で事業者署名型を導入。
英国	事業者署名型	一部で事業者署名型を導入。
ブラジル	当事者署名型	ICP-Brasil で認証された当事者署名型を導入。

Chapter **7**

〈座談会〉日系企業は海外取引で
電子契約を導入できるか？

[参加者]

太陽誘電株式会社法務部長（司会）

佐々木毅尚

弁護士（AsiaWise 法律事務所）

久保光太郎

弁護士（サウスゲイト法律事務所・外国法共同事業）

木下　万暁

中国弁護士（方達法律事務所）

孫　海萍

ドキュサイン・ジャパン株式会社
ソリューション・エンジニアリング・ディレクター

佐野　龍也

横河電機株式会社法務部長

髙林佐知子

（ 本座談会は 2020 年 7 月 28 日に収録し、
校了までの状況をもとに一部加筆修正した ）

佐々木（司会）　この座談会では、日系企業が海外で電子契約を導入するにあたり考慮すべき事項を論点として、皆様と一緒に討議を行いたいと思います。

　日本では2018年ころから、いわゆるリーガルテックが注目されており、最近はサービスを提供する事業者の数だけでなく、その提供する法務業務関連のサービスの種類も増えています。なかでも電子契約は特に注目されているサービスの1つです。現在、新型コロナウイルス感染症の影響で各企業は在宅勤務を積極的に導入していますが、契約書の捺印業務は社員が出社せざるを得ない業務の代表格であり、電子契約を導入することによって業務を減らしたいというインセンティブが企業で働いています。また、契約に関連するコスト削減効果も電子契約の魅力の1つとなっています。

　実際のところ、日本企業で導入を検討している企業は多く、実際に導入している企業も相当数あり、特に建設業界では電子契約の導入が進んでいると聞いています。ただし、海外取引で導入を検討している企業はまだ少なく、日系企業にとってこれからの課題になると想定しています。

　本日の討論会で皆様から寄せられたご意見が、今後、海外取引で電子契約を導入する日系企業の実務に役立つことを期待しています。本日はよろしくお願いいたします。

　まず、ご参加の皆様から自己紹介をお願いいたします。

久保　AsiaWise法律事務所代表弁護士の久保と申します。私は2001年に弁護士登録をいたしまして、20年近く日本と海外で実務を経験しております。ここ最近10年ほどはインド、シンガポールなどにも駐在しまして、アジアにおける日系企業の進出支援、それから現地でのトラブルのサポートを数多く担当しておりました。また、2年半前に独立してAsiaWise法律事務所を立ち上げてからは、

特にデジタル、テクノロジー、データに関する法律問題にも積極的に関わっております。その中で電子契約、電子署名というテーマを佐々木様や同じ事務所の松村弁護士とともに今、研究しておりますので、我々が調べた成果を本日皆様と共有できればと思っております。よろしくお願いいたします。

木下 サウスゲイト法律事務所の木下と申します。私も久保先生と同じく2001年に日本で弁護士登録をいたしまして、2015年までアメリカの法律事務所の東京オフィスと、一時期ニューヨークにいたこともあるのですが、外資系の法律事務所で執務をしておりました。2016年から現在の法律事務所を立ち上げて、代表をしております。

　もともとアメリカの法律事務所での執務経験から欧米が中心の業務を多く取り扱っております。独立後はいろいろな国の契約関係をご依頼いただいておりまして、80ヵ国ほどの国の取引に関わってまいりました。このような実務経験をもとに、最近の動向等について、本日は情報交換と意見交換をさせていただければと思っております。よろしくお願いいたします。

孫 方達法律事務所の孫と申します。私は2003年に中国の弁護士資格を取得しまして、中国の事務所の日本チームや、日本の大手事務所の中国チームで十数年間執務してまいりました。弁護士資格の取得以来、ずっと日中の間の仕事を担当させていただいております。

　2016年に方達法律事務所に加わり、事務所の日本語デスクの立場で現地業務に関わっております。方達は中国の大規模な法律事務所でございまして、約700名の弁護士が在籍し、スタッフを含めると約1000人のメンバーがおります。事務所の各チームと一体となって、主に日中の間の仕事の幅広いサポートをさせていただいています。

　本日は、電子署名、電子契約の法律、実務問題について、中国関係の情報共有をさせていただければと思います。よろしくお願い

たします。

佐野　ドキュサイン・ジャパンでソリューション・エンジニアリングという部隊のディレクターをやっております佐野と申します。

　私は約30年ほど前に日本の大手の通信事業者に入社し、13年ほど働いた後に外資系企業に転職をして以来、外資系を歩んでまいりました。ドキュサインには2016年1月に入社し、日本のお客様に、米国ではメジャーになっているドキュサインのソリューションのご提案に日々従事しております。

　技術畑の出身のためもともとテクノロジーの面に強みを持ちつつ、電子契約、電子署名を巡ってはどうしても法律面の議論も必要になりますので、当社入社後はそのあたりの知見も磨いてきております。本日はよろしくお願いいたします。

髙林　横河電機で法務部長をしております髙林と申します。私は、1993年に入社以来、横河電機一筋で今に至り、主に国際法務を中心に従事してまいりました。2018年4月から現職です。

　当社は、計測・制御事業を生業とし、石油、ガス、化学、電力、鉄鋼、紙パルプ、薬品、食品をはじめとする各種製造業のお客様のプラント操業や研究開発の現場に、計測機器や制御システムを中心としたソリューションを提供しています。基本的にB to Bの取引であり、消費財は扱っておりません。

　グローバルでは約1万8000人の従業員がおり、売上の7割ほどが海外売上です。昨年末よりドキュサインを当社グループの標準電子契約システムとして導入しております。本日はよろしくお願いいたします。

佐々木　最後に太陽誘電法務部長の佐々木です。私は1991年に社会人となり、太陽誘電は4社目で、2016年10月から同社で勤務しています。当社法務部ではリーガルテックを積極的に導入しており、本年から電子契約を導入しています。

2 電子契約の浸透状況

(1) 世界的にみた浸透状況

佐々木 それでは早速、討議に入ります。はじめに、電子契約のプラットフォームを提供されているドキュサイン・ジャパンの佐野様から、いま、世界のビジネスの中で電子契約がどのように、どのぐらい活用されているのかをご紹介いただきたいと思います。よろしくお願いします。

佐野 ドキュサインは米国発祥の会社で、米国では大きなマーケットシェアを持っており、企業間契約、企業と消費者間の契約などでご利用いただいております。

私どものプラットフォームで提供するサービスをどのようにお使いになられているかというと、契約に限定されるものではなく、様々な第三者との間の合意を形成する場面で使われるようなソリューションになっております。契約は、この合意形成の1つの場面ということです。

日本も含め、契約でよくお使いいただいている類型として、BtoBでは、企業間の基本契約、営業部門の売買契約、購買部門でのベンダー間契約、役務を提供する企業では請負契約などがあります。

社内での利用ケースで見ますと、海外では人事労務関係の契約での利用が浸透しております。雇用契約を結ぶ場合に、社内情報の開示のため相手方と秘密保持契約を結びます。そのような採用の入口から実際の雇用開始の局面までに必要となる各種書類や契約の署名作業、また外部のエージェント等の人材紹介の企業との間の契約でご利用いただくケースが多いかと思います。

一方、BtoCでは、米国において不動産事業の契約を電子化したことがドキュサインの事業の発祥ですので、不動産の売買や賃貸契約、最近では付帯サービスにエンドユーザーの方が加入される場合の加入者契約、ローン契約等ですね。また、金融系では、銀行の口

座開設などでご利用いただいているケースが多いと感じております。

佐々木 国や地域別で見たサービスの浸透率は、どのようになっているでしょうか。

佐野 私どもの米国 CEO のダン・スプリンガーが日本でインタビューを受けたときの記事から引用しますと、署名や捺印を用いる業務プロセスの電子化の比率としては、米国でもまだ 10％ぐらいしか浸透していないと申しております。西欧は EU を含めても 5％、日本では 1～2％だと言われております。ただ日本について私が感じているところでは 1％に行くか行かないかというレベルと思います。

また、今般のコロナ禍で利用用途（ユースケース）も変化しており、緊急の借入れをされる際の契約、中小企業向けの貸出契約、また特に北米では病院で治療をするときに近親者の同意が必要ですので、この同意のプロセスでも用いられていると聞いております。

私どもの持っているデータからは、やはり米国でのユースケース、そのトランザクションの数がほかの国や地域と比べて多い状況です。

佐々木 電子契約の浸透率が伸びている地域という観点で見ると、いかがでしょうか。

佐野 米国が最も伸びておりますのはもちろんのこと、その次にヨーロッパ、それから南米、アジア太平洋という順となっております。

佐々木 日系企業の電子契約の導入状況については、どのようにご覧になっていますか。

佐野 電子契約のソリューション提案に 4 年半ほど関わっている中で、コロナ禍以前は電子契約への興味をお持ちの企業様はいらっしゃいましたが、紙と判子ですべての処理を賄えるため、電子契約導入の必然性というものはおそらくなかったように思います。このコロナ禍の後は、出社して捺印する業務が行いづらくなったため、多くの企業が積極的に契約の電子化にシフトし始めていると感じております。

⑵　日系企業の現状

佐々木　次に視点を変え、実際に企業で実務を担当されている髙林様に、横河電機における電子契約の活用状況をお伺いしたいと思います。

髙林　当社では、5年ほど前に日本国内の契約から電子契約を始めました。当時は、個別派遣契約の数が多いので電子化したいという現場ニーズや節税効果への期待もあり、今の日鉄ソリューションズのCONTRACTHUBを採用して、派遣契約に加えて、国内グループ会社間の契約やIT部門のベンダーさんとの契約などの電子化からスタートしました。当時はまだ電子化のハードルが高い時期でしたので、一部を除き電子証明書を取ることを原則としていました。

　その後、2年ほど前ですが、ソニーさんでグローバルITを推進してこられた方が当社のIT部門の執行役員に就任し、グローバルでのITガバナンスやDX（デジタルトランスフォーメーション）強化の活動を開始しました。当社グループ内には異なる業務アプリケーションが数多く存在し、グローバルベースでの最適化と標準化（standardization）が必要だとして、全社的な取組みも始めました。また、海外含め契約の電子化を進めたいので、海外子会社を含むリーガルラインでも強くけん引してほしいとの話をいただきました。もしかすると紙文化の法務部は抵抗勢力と思われていたのかもしれませんが、私としては、B to Bの会社ですし、実際にグローバル企業のお客様からは電子契約を使いたいとの要望も多少ありましたので、積極的に進めたいと考えておりました。そこでIT部門と法務部にてプロジェクトを組んで検討し、ツールについてはドキュサインを採用しました。

　昨年末にドキュサインを当社グループにおける標準ツールとして導入し、グループ間契約は原則としてすべて電子契約とする、第三者との契約は相手があることですので合意の下に電子契約を利用するというガイドラインを作って、電子化を進めております。といっ

ても、第三者との契約の電子化についてはまだまだこれからですので、IT部門と共に今後さらに利用を促進していきたいと思っているところです。

佐々木　日系企業の中で御社は、非常に早くから電子契約を導入されましたよね。いまのお話からですと、初めは法務部主導というよりも、現場主導でプロジェクトが進んだということですか。

髙林　国内でCONTRACTHUBを使い始めたとき、実は法務部内では契約の電子化についてまだそれほど積極的ではありませんでした。しかし、事業の現場ではドキュメントの電子化を進めており、その対象の1つが契約でした。法務部も主体的にCONTRACTHUBの管理に関わるべきと強く要請され、IT部門と一緒に管理を始めたように記憶しております。

佐々木　先ほど佐野様から、コロナ禍をきっかけに企業の電子契約のニーズが高まっているというお話を伺いましたが、実際に、事業部門から電子契約を使いたいというニーズは増えていると感じますか。

髙林　海外の状況は把握しきれていませんが、国内企業との契約についていえば、現場からの問合せは増えているように思います。取引相手からの要請によりドキュサイン以外の電子契約サービスを用いてよいかといった質問や、代理署名に関する質問、つまり、電子署名の依頼メールを社長や本部長など署名者本人ではなく、その代理人である従来社長印や本部長印の押印処理を担当してきた担当者宛てに送ってもよいか、という質問が多いようです。他のサービスの利用可否は、セキュリティの問題などもあるので、IT部門が個別に承認することとしており、また、代理署名については、電子署名は押印ではなく署名と同じなので本人に送ることを原則とし、社長名のサインなどでどうしても難しいという場合には、無権代理のリスクを排除すべく、予め代理権限があることを示す書類を出していただく形をとっています。電子契約はツールもルールもまだ過渡

期でもあり、今後少しずつ収れんされていくのだろうと思いますが、それまでは運用面で工夫していきたいと思っております。

(1) 海外取引を巡る状況（総論）

佐々木 続いて、電子契約を導入するにあたっては、法律事務所のサポートも非常に重要になってきます。特に海外取引で導入するにあたっては、法律事務所に相談することが多いのではないかと思います。日本企業からの電子契約に関する相談状況について、久保様にお伺いします。

久保 確かに相談を受けております。ただ、一部の企業でようやく取組みや検討が始まったという段階で、大多数の日本企業ではまだ検討自体も始まっていない状況ではないかと認識しております。特に、日本と海外のクロスボーダーの取引については、ごく一部の先進的に取り組もうとされる意思をお持ちの企業が、アジアをはじめ海外の電子契約、電子署名に関する法律をお調べになり、自社においてどこまで利用できるかということを検討されているという状況かと思います。

佐々木 日本国内の企業間契約と日本と海外のクロスボーダーの契約とでは、電子契約導入の検討にあたって何か違いはあるでしょうか。

久保 背景となる状況は全く異なると思います。日本国内の企業間契約では、やはり紙と判子という文化が根強く定着していたということや、電子契約に関する法律も日本特有のルールがある中で実際に使えるかどうかが気にされてきた状況があると思います。

　それに対して、アジアであるか欧米であるかを問わず、クロスボーダーの契約書や現地で締結する契約書では、判子ではなく元々サイン、署名を用いることがありました。特にアメリカやヨーロッパなどでは初めから電子メールでPDFファイルを交換して完結とする

形で契約を締結する実務もあります。

　その中で、電子契約のプラットフォームを導入するということを考えると、日本企業からすれば、①紙、判子から電子契約システムのプラットフォームへの切替えという課題が生じますし、②クロスボーダーの契約の場合は、これまでメールによる PDF ファイルの交換で済ませていたのが、プラットフォームを使う際の安全性やコストが見合うのかという検討が生じます。その意味で、海外企業と問題状況が違うということをまず指摘したいと思います。

　なお付言しますと、今の 2 点目とも関連しますが、電子契約、電子署名と一言で言ってもいろいろな形態が含まれます。先ほど申しましたメールで PDF ファイルを交換する形も、ある意味では電子署名の一方式であると言えますので、そういったものも含めるとなると、すでに日本企業はクロスボーダーの取引をする際に電子契約を使っていたという見方もあると思います。

佐々木　クロスボーダー取引で電子契約の導入を検討している企業からは具体的にどのような質問や相談が寄せられますか。

久保　最近では、例えば、相手方である海外企業の側から電子契約システムの利用を求められた際にどのように対応するかという質問や、現地法人の所在する国、地域がコロナ禍によるロックダウンに入っていて、そもそも紙のやり取りもできないような場合に、PDF に署名の画像を貼り付けただけでサインと言えるかといった質問がございました。各社ともコロナ禍の下で問題に手探り状態で対応され、それが法律相談という形で寄せられているように感じます。

(2)　中国(企業)における電子契約の状況

佐々木　日本企業の場合、海外の中でも特に中国とのビジネスが盛んで、多くの会社が中国に拠点を持っているという現状があります。そこで、中国の電子契約の現状はどうなっているのかということに

大きな関心があります。孫様は、中国企業や日本企業から電子契約を導入したいという相談を受けていますか。

孫 まだ数は多くありませんが、中国企業だけでなく日本企業からも導入についてのご相談を受けております。また、電子契約プラットフォームのベンダーさんからもご相談を受けたことがあります。契約の種類としては、大量に締結されるグループ内の売買契約や、製造業など従業員の人数が多い企業からは労働契約を電子契約で締結したいといったものがあります。

労働契約の場合にはそこまで心配事項はありませんが、売買契約については、企業が情報漏えい等を懸念していることも多く、自前でこうしたサービスを開発して利用することはできないかというご相談もあります。あと外資系ベンダーの中国における事業展開については、中国での認証、ライセンスの関係でなかなか展開しにくいところはあり、日系や欧米系の企業は、中国のローカルサーバーとつないだサービスを利用することについて、情報管理の面で、自社の情報等が流用されてしまうことを危惧する向きはあります。

佐々木 中国における電子契約の浸透度は孫様の目から見ていかがですか。

孫 中国では速いスピードで電子契約の市場が拡大しております。政府は2016年頃から電子契約の利用促進に取り組んでいますが、平均して年間約140%ほどのペースで成長を遂げており、第三者のリサーチ機関の統計によれば2018年には中国の電子契約の締結回数は66.8億回、2019年では278.9億回となり、2020年はコロナ禍の影響もあって500億回を超える数が見込まれています。その類型も、物流関係や不動産関係の契約、製造会社の調達契約といったものが多く、また、労働関係では、2万人の従業員を中国の各拠点で抱える企業が労働契約をすべて電子化するというようなことも報道されております。国としてもさらに電子契約の利用を促進する方向での見解を複数示しており、これからも利用が拡大するものと

期待されています。

(3) 米国（企業）における電子契約の状況

佐々木 先ほど、欧米系の企業は日系企業よりも電子契約の導入が比較的進んでいるというお話がありましたが、米国企業との取引案件を数多くご担当されている木下様は、電子契約についてどのような印象をお持ちでしょうか。

木下 私どもの事務所で扱っている案件のかなりの割合が米国案件ですが、先ほどもお話がありましたように、米国では20年以上前に各州で電子契約、電子署名に関する法律が制定され、連邦でも2000年に制定されました。少なくともこの20年の間に電子契約は相当程度一般化しているという印象を持っております。

電子署名に関する法律上の定義もとても広く、手書きでサインしたものをスキャンしてPDF化し、それを交換するという方法も法律上の電子署名の定義に含まれますし、ドキュサインのようにオンラインでクラウドに入り、そこで名前をタイプして契約を締結するという方法や、PDFにサインの画像ファイルを差し込んで締結するという方法、さらに、音声で確認するという方法も電子署名の定義に含まれています。もちろん、ウェブサイトにアクセスし、チェックボックスにクリックするという方法も電子署名に含まれますので、かなり広範に電子契約、電子署名が使われていると言えます。

佐々木 実際に、契約書へ実際にサインし原本を交換するという案件は、どの程度ありますか。

木下 私自身も20年弱の実務経験の中で、契約書原本の交換をあえてしたいという日本企業からのリクエストがない限り、原本を交換した記憶がほとんどございません。もし日本企業と米国企業間の案件で原本を交換することがあるとすれば、1つは日本企業の文書管理規程上原本が必要とされている場合で、もう1つは、日本で行う事業で海外の方が日本にわざわざいらっしゃるということで、

会社の会議室で 2 つの国の国旗を立ててセレモニー的にサインをする場合がありますが、そのような場合でない限り、ほとんど原本の交換をすることに立ち会ったことはないというのが正直なところです。

　ですので、先ほど佐野様から米国での浸透度は 10%ほどというお話をいただきましたが、おそらくドキュサインやそれに近いシステムを使っておられる数なのではないかと推測いたしました。一般的に原本を交換しないというところまでを含めて見ると、相当な割合が電子契約で締結されていると言えるのではないでしょうか。

佐々木　かなり多くの場面で電子契約が使われていると言えそうですね。一方で、このような場面では電子契約の利用が制限されるということはありますか。

木下　電子契約を利用できない類型ももちろん法律上設けられております。州によっても取扱いが異なりますが、例えば遺言を作成する、子供を新たに養子として迎えるといった場合です。先ほど佐野様からご説明のあった医療行為における同意にサインをすることも、州によっては変わらず原本を要求されるところもあるようです。しかし、そのような例外的な類型を除いて、かなり電子化されているという印象を持っております。

佐々木　電子契約の締結数が多いほど、これに関連した紛争も相当数存在するのではないかと思いますが、木下様のご経験からしていかがでしょうか。

木下　実際に裁判所で争われるような案件を私自身が担当したということはありませんが、例えば、PDF 化してメールで交換するという場合、ドラフトのどのバージョンが最終版だったかを巡り争われることがあります。主に文書記録管理の問題であり、これを解決するためのソリューションがドキュサインや Adobe Sign だということと思いますが、私どももよく取り扱わせていただく M&A の案件やファイナンスの案件では、交渉最終日の契約締結の際に 10

通、20 通といった数の契約書をまとめて調印する必要があります。そうすると1つひとつの書面の内容を確認するだけでも大変ですので、すべての契約書のサインページ1枚だけをプリントアウトして当事者にサインしていただき、それを交換するような実務はいまもなされています。実際には、弁護士間でそのサインページを交換した後に、改めて弁護士が最終版の契約書にサインページを差し込み、それらを1つの PDF ファイルにしたものを作って、確認のために当事者全員に送るということを行います。

以前にご相談いただいた案件で、サインページの交換しか当事者間でされていなかったとのことで、担当者の退職やメールの記録が不十分であったことが重なり、どのバージョンを最終版として合意し、サインページを交換したのかが分からなくなってしまったというものがありました。当事者間で最終的に合意した文言がどれであったのかという点に意見の相違があり、争いとなったようです。ただ、メールの記録を丁寧にたどっていけば、最後にどのような内容で合意したかはほぼ確定できます。この案件でも、記録をたどって最終的には事なきを得、当事者同士は納得して取引を進めていらっしゃいました。

┃4　導入における課題

(1)　企業における導入時の課題

佐々木　続いて、海外取引に電子契約を導入する際の課題について皆さんに討議をお願いしたいと思います。

　まず、各企業が海外取引で電子契約を導入するときに様々なハードルがあると思いますが、髙林様は実際にどのような課題を感じましたか。

髙林　当社では、IT 部門と法務部門の合同プロジェクトを立ち上げて導入を検討しました。法務の観点からの課題として、まさに本書の目的でもありますが、事業展開する国や地域における法制度の

調査が必要です。当社は売上の7割が海外ですから、海外取引・国際取引で利用することが大前提です。当社は海外に日本以外の地域を統括する子会社を9拠点置いていますが、各統括会社に置いているリーガル担当にその国や地域について調査をしてもらいました。一部、中国やロシアでは個人情報の保護規制によりサーバーの設置場所に制約があったり、インドでは国内法で要求する電子証明書に関する制約があることが分かりましたが、総じて、当社ビジネスで多く利用する契約類型や、特にグループ間契約については大きな制約なく進められることが分かりました。そこで、電子契約推進を前提に、電子契約を使える契約の種類や地域、使えない契約の種類や地域などの法的な制約や注意事項について、現場のユーザーが一覧で確認できるようなローカルガイドラインを作成し、グループ内のイントラネット上に掲示することとしました。グローバル共通フォームを作り、各リーガル担当に各地域の情報を入れてもらいました。これにより、ツールについては各地域のIT部門、法規制については各地域のリーガルが責任を持つことも明確にしました。

　また、米国CLOUD Act（Clarifying Lawful Overseas Use of Data Act）などに基づく、米国ベンダーを起用することによる情報開示リスクも課題の1つでした。ドキュサインなど米国のクラウドベンダーを使うと、サピーナ（subpoena）などによってサーバー上の当社とお客様の間の契約データがドキュサインから米国当局へ容易に情報開示されるおそれはないのか。一方でダウンロードしてサーバーに残さない運用にすると、タイムスタンプの有効期限が一定期間で切れてしまう。こういったリスクや課題を米国のリーガル担当を交えて検討し、原則どおりデータはクラウド上に残すルールとしました。

　IT部門の観点からの課題では、ITガバナンス上、特定のツールをグループ標準とすべきかどうかですが、日本本社と現地法人とでバラバラでは費用対効果が見込めませんので、IT部門としては統

合していきたい。一方で現地法人からは異なるサービスを使いたいなど様々な要請がある中、これを取りまとめていくリーダーシップが必要だと感じます。

⑵ 国・地域ごとの法令の違い

佐々木 佐野様もサービスを提供するベンダーとして様々なご経験をされていると思いますが、いまの髙林様のお話のような課題も含め、企業からどのような相談を受けることが多いでしょうか。

佐野 海外との取引の多い日本の製造業のお客様を例に挙げてお話ししましますと、ある国・地域で技術的にドキュサインが使えるか、そして技術的に使えるとしても、法的な問題がないかどうかというお問合せをいただきます。

　ドキュサインは180ヵ国以上の地域で使われた実績があるということをうたっており、米国本社の弁護士からなる法務部門では、私どものお客様が電子署名や電子契約を導入したいと要望される国や地域の法務アドバイザーの方々の協力を仰ぎ、各国・地域でどのような法規制があるかを調査し、公開しております。ただ、お客様固有の利用方法に関する課題については、私どもでも判断できないことがありますので、その点に関してはお客様のほうで現地の法律顧問の方等にご確認いただき、各国の電子契約を巡る法律にどこまで準拠しなければならないかという点を見極めていただくようお願いしております。

佐々木 まさに国・地域ごとの法令が電子契約を導入にするにあたって最も大きな問題になります。我々企業も法律事務所に依頼して法令のチェックを行っていますが、久保様、法令に関してどのような相談が寄せられていますか。

久保 日本企業の実務を前提にした場合、いわゆる公開鍵暗号技術等による厳格な保護が施された電子署名を使わなければ契約を有効に締結することができないのか、それとも、それ以外の、より簡易

でコストの安いいわゆる「電子サイン」方式で契約を有効に締結することができるかということが国・地域ごとの法令や契約の類型に応じて最も気にされているように感じます。やはり、これらの点についてしっかりとリサーチしたいというニーズがあると理解しております。

　その観点から、今回、十数ヵ国の法律を検討いたしましたところ、電子署名の類型に区別を設けている国や地域が結構あるということが分かりました。例えば台湾、香港、フィリピン、シンガポール、マレーシアなどがそのような国・地域だと理解しておりますが、ここで注意すべきこととしては、国・地域ごとに区別の要件が微妙に異なっているため、それに合わせた形でサービスを利用する、または契約の電子化の範囲を検討する必要がある、ということです。

　また、国や地域によってはこういった区別がないところもありますので、日本法を前提に理解していくことに限界があるということにも注意する必要があります。

(3)　中国の法令や現状

佐々木　先ほどお話ししましたとおり、企業としては中国の法令が気になるところです。孫様、簡単にご説明をお願いできますでしょうか。

孫　中国の法律において、法令上明確に電子契約の形式を禁止すると定める契約の種類を除いて、一般的に電子契約は有効とされます。2019年までは不動産売買は電子契約を禁止される種類でしたが、同年の電子署名法の改正により可能となりました。現時点で禁止されるのは、婚姻、養子縁組、相続、ガスや熱、水道の供給の停止に関する契約といったものが挙げられます。

　また、企業の方からよくいただくご質問として、紛争が生じた場合に裁判所がどのように電子契約の有効性を判断するのかという点があります。これについては、以前からあるようなPDFファイル

の交換をもって締結した契約に関する問題や、ドキュサインのようなプラットフォームを用いた契約の締結を巡る問題があります。

　前者については我々の事務所でも実際に紛争案件を取り扱ったことがあり、それは、企業間で、毎回、PDFのサインページを交換した後に原本の交換を実施する形でローンの保証契約を複数回締結していたところ、そのうちの1回はPDFファイルのみを交換し、原本の交換を失念してしまったという案件でした。上海の裁判所の案件で、裁判所は鑑定機関に依頼して、当該PDFにおけるサインが真実なものであるかどうかを鑑定してもらったのですが、鑑定機関としては、結局そのサインが改ざんされた痕跡は見当たらないという結論しか出せず、改ざんされていないというところまでは結論付けられませんでした。その結果、保証契約であり、積極的な履行に関する行為の裏付けがないとして、裁判所はその契約の真実性を認めないという判断となりました。このような紛争については、ドキュサインのようなプラットフォームでのサービスを用いた契約ができるようになれば、ある程度リスクテイクできるかと思います。

佐々木　特にプラットフォーム経由での電子契約の裁判所での取扱いについては気になるところです。

孫　この点について、現在、中国の裁判所では、真実性を覆す証拠がない場合、電子署名の認証を行う第三者認証機関の認証がある場合には基本的には真実であると認められています。第三者認証機関については中国当局の工業情報化部がライセンスを発行しておりますが、残念ながら、現時点では海外の電子署名認証機関がライセンスを得た実績はない状況になっています。

　これとも関連して、電子契約を導入したいという会社からは、中国ローカル系のプラットフォームと海外系のプラットフォームで何か差はないかというご質問もよくいただきます。中国ローカル系のプラットフォーム事業者は先ほどの第三者認証機関としてライセンスを取得でき、また、中国の公安機関等のシステムと連動して、登

録時の実名認証を行うことが可能ですので、裁判の際の証拠として用いることを考えると、ローカル系を選ぶほうがメリットが大きいというのが現時点の結論になりそうです。

佐々木 中国企業とのクロスボーダーの取引で、実際に電子契約は用いられているのでしょうか。

孫 この点もご質問としてよくいただくところです。この点については、先ほど申しましたように、中国での裁判を考慮すると、ローカル系を選ぶほうがメリットが大きいのですが、企業がローカル系のプラットフォーム事業者を利用するには、まずその企業の身元確認が必要であるところ、海外企業に関しては、中国企業のように中国の登記システムを通じて身元確認を行うことができないため、ローカル系のプラットフォーム事業者を利用できないという状況が存在するようです。そのため、クロスボーダーの契約で電子契約を利用することは少ないというような印象を受けております。

(4) 米国の連邦法・州法や現状

佐々木 米国の法令について先ほど木下様からお話をいただきましたが、改めて、連邦法と州法の関係について、いまどのような状況になっているでしょうか。

木下 2000年に連邦法ができ、基本的には州をまたぐ取引など州法が規定していない部分については連邦法が適用されることになっています。ただ、各州でもこのような法律をつくりましょうというモデルがあり、ほとんどの州がそのモデルを採用しています。そのため、電子契約、電子署名の定義についてはほとんどの州で同じものが用いられていますので、法律としてはかなり統一されたものが使われていると言えるでしょう。ニューヨーク州やイリノイ州など独自の規律を設けている州もありますが、実質的に内容を見ると、かなりの割合で連邦の法律と齟齬がない形でつくられているというのが実情だと感じます。

佐々木 そうすると、州による差はそれほどないと理解してよいでしょうか。

木下 私が調査をした限りでは、州ごとにそこまで大きな差はないだろうと認識しております。

(5) 税務上の論点

佐々木 これまでお話しいただいた法令に関する課題のほかに、久保様、導入を検討する上での実務的な論点として挙げられるものはありますか。

久保 1つは税務上の取扱いです。日本ではご存じのとおり電子契約は印紙税の課税対象ではないと解されており、印紙税の軽減が電子契約導入のメリットになると理解されていますが、これが果たして各国において妥当するのかということは実務において重要な点だと考えております。今回調査した国の中では、例えばインドでは電子契約であったとしても、かの国では stamp duty といいますが、印紙税を免れることはできず、メリットにはならないことになります。

もう1つ、これに関連して、税務上の保管、備え置きが法令上必要とされる文書について電磁的記録による保存でも足りるのかも重要な論点だろうと思います。この文書の保存義務を巡っては国・地域によって税法だけではなく、会社法や各種業法、その他の法令において定められていることもありますので、この電磁的記録による保存に関する統一的な法律が存在しないような国や地域ではその調査は容易ではありません。その場合、当事者において必要な範囲を絞った上でリサーチをする必要があろうかと思っております。

(6) IT 政策、データ流通を巡る論点

佐々木 電子契約を導入するにあたって、その国の IT に関する政策や IT の浸透度も、我々企業としては気になるところです。久保様、アジア圏についてどのようにご覧になっていますか。

久保　今回、調査した国の中では、アジアの中でシンガポールはIT化が進んでおり、その結果として電子契約、電子署名についても推進しようとする姿勢が見られる国だと感じました。そのほかでは、中国や韓国なども、まさに今年法改正がなされた、または法改正の議論があったものと理解しております。コロナ禍の中で電子契約、電子署名に関する法律をよりよいものにしていこうという意識が高い国だと理解しております。

佐々木　ありがとうございます。あと導入にあたって何か皆様のほうからお話ししておきたいということがあればお願いしたいと思いますが、いかがでしょうか。

木下　企業の方からよくいただくご質問として、このサインをした書面はどこの国のサーバーに保管され、それはセキュリティ的に安全かどうかというものがあります。情報の漏えいリスクへの懸念は当然あるとしても、そのご質問の核心にあるのは電子契約に含まれる個人情報の取扱いだと考えています。

　EUでは2018年にGDPRが施行され、EUへ個人データを移転すると対応に相当な手間が生じるということを、特に日本企業の皆様はこれまでの対応で身にしみて感じておられるのではないでしょうか。日本企業間の取引であれば国内にサーバーのある国内の電子署名のベンダーのサービスを使えばよいのかもしれませんが、クロスボーダーの取引相手である海外の企業から見ますと、あまり馴染みのない日本の電子署名のサービスを利用してサインすることには若干の不安を覚えるケースもあるようです。そのため、国内外の複数のベンダーを使い分けて導入しようとされる企業のお話も伺いますが、複数に分けることで今度は文書管理が大変になってしまいます。そのため、クロスボーダーの取引を巡っては、各社とも試行錯誤しながら導入されているような印象を持っております。

　私から佐野様へのご質問になるのですが、企業からのこのようなご相談に対してどのようにお答えしていらっしゃいますか。

佐野 ドキュサインは日本国内にデータセンターをまだ設けており
ませんので、日本の金融系のお客様や、政府機関等のいわゆる公共
関係の方々とお話しさせていただくときに、データセンターや預け
るデータが日本国内に存在しないと導入は難しいというお話をよく
伺います。ただ、コロナ禍を経てその点のハードルはやや下がって
きているようにも感じています。金融系のお客様へは、ドキュサイ
ンで一時的にお預かりしたデータをお客様へお戻しし、ドキュサイ
ンで保持している原本、つまり元々の電子データを消去していただ
く対応はできますとご提案することで、懸念を和らげることもでき
ます。

　個人データの観点では、我々も GDPR はかなり厳しい要件が
定められていると認識しておりますが、その分安全性を保てると
も言えると思います。日本の個人情報保護法の規律に近しいのは
GDPR であると考えておりますので、現時点では、日本のお客様
から特にご希望をいただかない限りは、基本的にヨーロッパのデー
タセンターにデータを預ける形で日本では運用をしております。

久保 今、木下先生と佐野様からお話しいただいた点に関連して私
が考えていることをお話ししますと、今後の個人データ保護法制の
世界的潮流という文脈の中で、特別な対応が必要となるような個人
情報、個人データが含まれている契約書は少ないのではないかと考
えております。もちろんこれは各国・地域の個人データ保護法の個
人情報や個人データの定義や規制内容次第ということもあります。
ビジネス関連のデータに関しては個人データではないとしている国
もあるところです。

　ただ他方で、最近のデータに関する世界的な法令の動向を見て
いると、個人データだけではなく、ノンパーソナルデータ（NPD）、
つまり個人データ以外のいわば非個人データを含めたデータについ
ての流通をどこまで確保するか、逆に言えばそれを特定の国や地域
の中に制限するという法制が今後広がっていく可能性があると思い

ます。中国のサイバーセキュリティ法における重要情報の定義がどうなるかや、今年になってインドにおいてもデータローカライゼーションに関する議論が進んでいるという状況がありますので、そのようなデータの流通一般に関する政策や陣営の対立が、今後、サーバー所在地の問題も含めた電子契約の実務に与える影響について注視しなければならないと考えております。

佐々木　あと、中国のサイバーセキュリティ法は電子契約に関しても気になります。孫様、この点に関して最近の状況をお話しいただけないでしょうか。

孫　サイバーセキュリティ法のほか、最近、データ安全法の草案が公表され、個人情報保護法についても現在草案の作成中で、今後、データの保護についてはこれら3つの法律に基づいて実施されることになります。個人のサインや個人情報を海外のサーバーに移転し、保管する場合にはどのような規制を受けるのかというのは現時点では明確ではなく、一次的な草案では50人以上の個人情報を海外に移転する場合には当局による審査・認可を受けなければならないとしていたところを、直近の草案ではそれが改定され、解釈としては1人だけであっても海外に移転する場合には審査・認可を受けなければならないということになっております。ここからすると、電子メールの署名欄があることだけで当局の審査を受ける必要があるという解釈になりかねないので、正式な法令がどうなるかが注目されます。

(7)　契約書や電子契約を巡るカルチャーの課題

佐々木　ここまでは法令を中心とした課題について皆様からお話をいただきましたが、そのほかにも、実際に導入する際には、電子契約の浸透の度合いや現場のニーズ、契約書の量といった観点も考慮する必要があります。佐野様からこの点に関して何かご意見はありますか。

佐野 これはクロスボーダーの取引に限られないことですが、日本のお客様において、電子契約導入を意思決定される方はどちらかというと現場レベルではなく、マネジメント層の方々が多い印象を受けますので、導入後に継続的に利用していただけるような導入促進計画を策定することが重要になります。それには、取引先企業様との調整はもちろんですが、自社の社員の方々にも、今まで紙と判子で行っていた業務を電子契約で置き換えると皆さんの業務量がこれだけ軽減されます、会社全体としてもこういうメリットがあります、ということを理解いただけないとなかなか導入が進みません。残念ながら、私どものお客様でも、ドキュサインを導入したものの、あまり使われることなくご利用を継続されない例もあります。そのため、企業の中で電子契約の利用を根付かせる活動が大変重要となります。

佐々木 おっしゃるとおりで、導入したけれども使わないという会社もあると伺っています。導入するだけではなく、いかに社内に浸透させるかを真剣に検討する必要があると思います。

　関連して、契約書の捺印や署名にこだわるかどうかという、その国や企業におけるいわば契約書の文化というのも電子契約の浸透に影響すると思っております。久保様はいろいろな国の取引をご経験されていると思いますが、契約書の捺印や署名について国による文化の違いを感じられることはありますか。

久保 契約書に対する捺印にこだわるという意味で言うと、日本は特殊性があって、それ以外の国で捺印にこだわるところは私が知る限りではあまりないように感じます。ただ、会社の代表印ということで言うと、シンガポール、インド等、英国の企業文化を受け継いだ国・地域の中でカンパニー・シールというものはあるとは思います。

佐々木 孫様、捺印へのこだわりという点について中国ではいかがでしょうか。

孫 中国では法定代表者のサインより、やはり会社の印鑑が押されていることが多く、印鑑を重視するという点では日本と共通する部

分を持っていると思います。

佐々木 文化という点では、変な話なのですが、会社の中では誰の判子を押すかという問題もあります。例えば、代表者印を押すか、それとも執行役員印か部長印を押すかというような、様々な区分けがありますが、髙林様、横河電機ではどのように区分けをされていますか。

髙林 当社では、決裁権者とは別に、契約の調印者となれるのは社長から何階層目までというルールを設けています。社長印は法務部で管理していますので、社長印の捺印が必要な場合は、担当部署から法務部宛てに社長印捺印請求書を出してもらうのですが、契約については社長印でなくてもよいケースも多いので、コロナ禍以前から社長印でなくてもよいものはできるだけ権限移譲された本部長や部長名で捺印していただくようお願いして社長印の利用を減らし、社内工数を削減するように努めてきました。緊急事態宣言下でもどうしても社長印の捺印が必要だとして捺印請求があったのは、ほとんど政府関係機関向けの書類であったと記憶しております。

佐々木 もう1つお伺いしたいのは、社長のサインも電子契約の対象にされていますか。

髙林 はい、含まれます。先ほど申し上げましたとおり、ドキュサインの場合は本人の署名を原則としていますので、原則は社長本人にサインしていただくこととなります。とはいえ、相手方との関係もあり、どうしても社長名でサインせざるを得ないものの、そのために社長の時間を取るのも効率が良くない場合もあると思いますので、それに備えてルール化し、社長が承認した場合、法務部長の確認を経た上で、秘書部長が代理署名することができることとしました。当社では従来、社長が契約等の法的文書に署名する場合は、その書類を事前に法務部長が確認して合議した上で、秘書部宛てに署名依頼するというプロセスにしておりますので、これと同様の事前確認プロセスを求めるものです。そもそも契約締結に関する決裁自

231

4

導入における課題

体は、社内意思決定ルールに従い本部長その他の決裁機関が行うことが前提にありますので、決裁後の署名手続上のハードルを上げることで、安易に社長のサインを求めず、当該事案について権限移譲されている人の名前でサインするという、あるべき姿に誘導していければと考えております。

(1)　リスク分析の観点

佐々木　次に、電子契約のリスクについての討議をお願いしたいと思います。先ほど来お話があった国・地域ごとの法令調査結果をベースにして、企業は導入リスクを分析することになると思います。久保様、どのような観点をもってリスク分析をすべきかについてお話しいただけますか。

久保　まず大きな観点から申し上げますと、国・地域ごと、そして契約ごとに個別具体的に検討していくことが必要です。後者の契約ごとの観点について、日本企業がもし各国・地域の法令の下で電子契約システムを導入したいと考える場合、自社においてどのような契約類型が多くあって、それを電子化したいというニーズがあるのかということを調査するところから始めると思います。例えば秘密保持契約を多く締結するのか、売買契約、請負契約か、そういった契約ごとに現地の法令上、電子契約の利用が制限されていないかということをチェックするのが出発点になります。

　我々が今回、調査の対象とした十数ヵ国を見る限り、日本企業がビジネスで利用することが多いと考えられる契約類型に関して、電子化ができないと明確に書いているような国はほとんどなかったと認識しております。

　ただし、各国の現地弁護士から、契約類型としてリスクがあるという意見が出されたのが雇用・労働関係の契約でした。法令上の雇用契約について電子化できるか否かという制約のレベルで話をしま

すと、ほとんどの国・地域でそれはできるということです。しかし、実際それが裁判になった場合に、労働者の側からこの契約には署名していない、署名したのは自分ではないという主張がなされる事実上のリスクがあるのではないかや、そういった労働紛争について特別な労働裁判所のようなところに持ち込まれた場合に、必ずしも企業寄りの判断がなされないのではないかという実質上のリスクがあるのではないか。そういった点を考慮すると、雇用・労働関係の契約については電子契約をすることを勧めないということをアドバイスする現地弁護士がアジアにおいてはよく見られました。

佐々木 法的には可能ですが、実質的には紛争リスクがあるため、ある一定の契約類型での利用は控えたほうがよい場合もあるということですね。

久保 そうですね。リスクの分析ということで言いますと、法律上認められるかどうかということと、実質上どこまでのリスクがあるかということは分けて検討することが必要だと思います。

佐々木 特に労働契約は、製造業の工場において従業員数が非常に多く、導入することでコストメリットが出ますが、一方で先ほどのように紛争になった際にどう判断されるかを考えると、少し不安なところがあります。そのため、特に労働契約については企業として導入に慎重になる契約類型ではないかと思います。

　髙林様は法務部長としての視点から、電子契約の実際のリスクについてどのように感じますか。

(2) セキュリティ等のリスクの考え方

髙林 まず1つは、先ほど申し上げました米国等の文書開示命令の問題がありますが、これは当社としてはある程度割り切って考えました。

　また、これは日本特有の話かもしれませんが、無権代理のリスクは気がかりです。これも先ほどお話ししましたが、サインの署名権

限者ではない人が代理署名したいという文化・慣習が残っています
ので、安易に代理署名を許してしまうと、紛争になったときに、い
や、私はサインしていないから知らない、という主張がなされな
いかという心配は残ります。ただ、当社の場合はB to Bでもあり、
ほとんどの場合交渉を経て合意していますので、メールの履歴をた
どっていくと、それにより最終的な合意及びその内容は立証できる
だろうとは考えております。一方で、本人に送るつもりが意図せず
間違えた宛先に送信してしまい、受信者が悪意あるいは意図せず
にサインしてしまうリスクは、もしかしたら紙面のやり取りよりも
高いのかもしれませんが、これは運用でコントロールするのか技術
的対策を取るのか、利便性とリスクとのバランスになってくるのだ
ろうと思います。

　それと、クラウド上における漏えいリスクや消失リスクもありま
すが、当社のIT部門によれば、自社のサーバーに置いておくより
もクラウドに上げたほうが安全なぐらいであるとの評価もあるよう
で、契約だけに限った話ではないとの印象を受けています。

佐々木　セキュリティ上のリスクについて、佐野様からお話しいた
だけることはありますか。

佐野　プラットフォームについては、安全性に関するリスクを技術
面・運用面で最小化する取組みをしております。私どもでも最新の
セキュリティ問題、脆弱性を防ぐためのソフトウェアのパッチも
しっかりと適用していますし、ソフトウェアのコードレビューで脆
弱性の確認を行うことで、外部からの不正侵入のリスクを最小化し
た強固で安全なソフトウェアを提供しております。私どもとして
は、でき得る最大限の努力をしてプラットフォームの安全性を維持し
ております。

　ただ、ドキュサインが自身でそれを発信してもあまり影響力があ
りませんので、定期的に第三者である認定機関の監査や侵入テスト
等を受け、厳格な承認・監査基準を満たすことで、プラットフォー

ムの安全性を維持しております。このような取組みを通じてプラットフォームの安全性リスクはほぼないと考えております。一方で、弊社の社員が業務に携わっている限り、人を介して何らかの情報が漏えいするリスクは当然生じます。そこに関しては、社員教育の徹底や社員がお客様の情報に容易にアクセスできないような仕組みを社内で設けて対処しております。個人的意見としましては、情報漏えいリスクに関して言えば、人が介在する業務が一般的に多いのではないかと思います。

佐々木 まさにおっしゃるとおりですね。物理的なセキュリティでカバーできない人的なリスクについては、どうしても残ります。導入する我々企業として、そこはしっかりと社内教育をしなければならない部分ではないかと考えます。

　木下様、今のセキュリティの点も含め、米国における電子契約のリスクとしてお感じになる点はありますか。

木下 米国では先ほどお話ししましたように、メールでのPDFの交換という言わば低いレベルでのセキュリティをもって契約を締結してきた実務がありますので、むしろ、最近のプラットフォーム利用の流れはリスクを軽減する方向だと感じます。

　細かな点になりますが、紙の原本であれば書面に記されている日付が契約締結の日付となりますが、電子契約になるとタイムスタンプの日付と契約書上の日付に齟齬が生じるケースなども出てきます。この場合、どの日をもって合意が調った日と考えるかという論点はあります。ただ、かなりマイナーな論点という気もいたしますので、リスクの規模としては先ほどのとおり軽減されてきているように思います。

佐々木 セキュリティについて言えば、企業の情報システム部門では、いまだにクラウドを嫌うところが一定程度ありまして、しかも国外のサーバーは不可というようなところもあり、そういう企業では電子契約の導入に苦労します。髙林様の会社のIT部門の方は先

235

5

電子契約のリスク分析

進的な考え方ですよね。一般の企業では、例えば、銀行がクラウドを使う時代ですよというような話や、先ほど佐野様がおっしゃったように、いろいろな認証や ISO 規格などを取得していることを IT 部門に説明して理解を得ることが多いようです。導入にあたっては、特にセキュリティについて、IT 部門を説得するということが法務部門の重要な役割になると思います。

　ほかに、皆さんからリスクについて討議したい点についていかがでしょうか。

(3) 文書成立の真正性推定を巡る議論

髙林　日本の場合、民事訴訟法 228 条 4 項の文書成立の真正の推定効に関して、実務では too much かもしれませんが二段の推定を巡る判例が強く尊重されていて、署名よりも記名捺印、むしろ署名だけでは不十分で判子は必須ぐらいの感じで運用されてきたようにも思います。この文化を一気に転換させるのは非常に難しい面があり、先日、政府から「押印についての Q&A」が出ておりますが、まずは政府が必ずしも捺印にこだわらなくてよいと言ってくれると変化につながるのではないかと思っております。私より前の世代の法務部は署名または記名捺印された紙の契約原本が原則必要という立場をとってきたのですが、当社ではこれまでこの点で争いになったこともなく、弁護士さんにお話を伺っても実務上リスクは高くないとの認識ですので、私の代からは、法的に必要な場合や後で争いになる心配がある場合を除き、紙の原本でなくてもよいですよ、と言っています。

佐野　Q&A は紙の契約書や捺印がなくても、きちんと合意が取れていて、本人の意思が確認できるすべがあれば、それで契約事は成り立つというものでした。

　我々のお客様でも、これをポジティブに捉えて、より証拠能力が高い方法として、電子化を採用するといった一歩踏み込んだ考え方

になってきているように感じています。

久保 私も日本法の弁護士として日本法の仕組みでものを考えてきましたので、なじみのある民事訴訟法上の二段の推定という目で各国・地域の法制を見ておりました。ところが、今回、各国・地域の法令を調査し、感想として抱いたこととして、特定の電子署名についての推定を認めるという法制をとっている国は決してマジョリティではないということでした。digital signature（公開鍵暗号技術等により厳格な保護を行う電子署名）であるか electronic signature（digital signature を含めた電子的な署名プロセス全般）であるかにかかわらず、法律上、署名としての効力があると認めているような国も結構ありますので、特定の形式についてのみ一定の推定を働かせるという構造の妥当性は改めて考えるタイミングに来ているのではないかと感じました。

6 導入を目指す企業へのアドバイス

(1) 中国企業との取引における導入

佐々木 ここからは、電子契約を特にクロスボーダーの取引に導入していこうという企業に対してどのようなアドバイスをするかについてお伺いしたいと思います。まず孫様、中国企業との間の取引に電子契約を導入しようという企業に対してどのようなアドバイスをされますか。

孫 1つは、まず前向きに検討していただいてよいと私は思っています。先ほど企業の身元確認という趣旨でお話をしましたが、中国では印鑑の偽造という問題が多発していて、日系の金融企業でも多額の詐欺に遭った事例があります。例えばA社がB社から、有力な国有企業が債務者であるという債権を譲り受けた後、B社が提示した債権の存在を証明する契約における国有企業の捺印が偽造されたものであり、当該債権が架空のものであることが発覚したという事例があります。契約における捺印がその国有企業が公安局に届け

出た本物の印鑑かどうかを簡単に確かめることはできないので、A社は印鑑の偽造を見抜けず詐欺に遭ったというものです。

　また、中国で最近有名になった事件として、中国最強と称されているテンセントの法務部が3人の詐欺師に騙された事件があります。詐欺師がある著名な調味料メーカーを偽り、テンセントと広告のプロモーション契約を締結し、テンセントが広告サービスを提供し、広告料金を調味料メーカーに請求したところ、調味料メーカーは当該プロモーションに全く関与しておらず、すべて詐欺師が企てたものであり、当該契約における印鑑も詐欺師が偽造したものであったことが判明しました。その背景として、相手方の印鑑が本物かどうかというのはなかなか確認のしようがないという状況があります。このような状況下では電子契約の導入には積極的な意味があり、前向きに検討していただいてよいのではないかと思います。

　もう1つは、技術面については、先ほどお話ししましたとおり中国の工業情報化部から認証機関が発行するライセンスを取得している、またはライセンスを所有する会社と提携を行っているプラットフォームを利用すれば、証拠として真実性が認められる可能性が高いので、電子契約を導入したい企業はそのようなプラットフォーム等を積極的に利用することが得策であるかと思います。

(2) 欧米企業との取引における導入

佐々木　次に欧米企業との取引に対して電子契約を導入するにあたって、木下様は企業にどのようなアドバイスをされるでしょうか。

木下　電子契約でやりましょうと言うにはスムーズに取り組める相手方ではないかと思います。その意味で、欧米の取引から導入を検討・開始するというのも手ではないでしょうか。

　また、テクノロジーを実装してそれを使っている会社であるというアピールにもなると思います。カリフォルニアのベンチャー企業に対する投資やそういった企業との取引の中で、彼らはもともと契

約を紙で「保存してもいい」ではなく、積極的に紙を「保存したくない」という強い意向がありますので、むしろ電子契約を使えないと困るという次元に最近はなっているように感じます。コーポレートベンチャーキャピタルの取組みをしている日本企業も多いと思いますので、新しいテクノロジーを使いながら、クロスボーダー取引をしていく際の戦略の1つとして電子契約の導入を位置付けることもあり得るのではないかと考えております。

(3) アジア圏の企業との取引における導入

佐々木　南アジア、東南アジアといったいわゆるアジア圏にも工場や販売子会社を持つ日系企業がたくさんあると思いますが、そちらで導入するにあたって、久保様はどのようなアドバイスをされるでしょうか。

久保　1点目は、当然のことながら国によって法令は違いますので、その国の法令をしっかりとチェックすることが出発点です。電子契約が使える契約や書面の類型や、法律上の「電子署名」の定義、どのような法的効果が与えられるのか、証拠力はどうなっているのかといった点が国・地域ごとに異なります。

　2点目は、先ほどの木下先生がお話しされた欧米とは逆になってくると思いますが、アジアにおいては法律上それが認められているとしても、それが実際上有効なのか、リスクはないかをしっかりと分析しなければなりません。ただし、アジアだからといってすべて一括りにリスクをとらないということではなく、国によって、契約類型によって電子契約が有効であり、使うことが推奨されるような場合もあります。そのような場合にはまず導入しやすいところから始めてみるというスタンスでよろしいのではないかと思います。

(4) プラットフォーム提供事業者としてのアドバイス

佐々木　次に佐野様から、プラットフォーム提供事業者としてのア

ドバイスがありましたらお願いします。

佐野 皆様のお話にありましたように、現地の法令を確認することは最低限必要だと思います。そのときに、先ほど中国の例もありましたが、現地で使える電子署名といった存在があります。例えばヨーロッパでは、eIDAS 規則があり、インドや中国でも電子署名法のような法令が定められています。ドキュサインのビジネスはelectronic signature（電子サインとも呼ばれます）が主軸とみられておりますが、各国の認定・認証機関が発行した電子証明書を使った電子署名、いわゆる digital signature を、弊社パートナーさんと連携して実現しておりますし、導入実績もすでに多数あります。私どものプラットフォームで対応できるかどうかについては、お客様から事前にご相談いただければ、私どもの過去の実績や、各国での利用に際して、どのような対応ができるかという点をお伝えすることができます。

⑸　企業の導入担当者向けのアドバイス

佐々木 髙林様は企業で導入するにあたっての様々なご経験をされていると思います。アドバイスがあればぜひお願いできないでしょうか。

髙林 日本の現場の紙・判子文化を変えていくのは容易ではないと思いますが、電子化を促進するには、今般のコロナ禍を利用してトップダウンで一気にやるのもよいのではないかと思っています。契約には相手方がいますので、電子契約は相手方が嫌だとおっしゃればできません。その意味で、相手も同じ環境にあるいまだからこそ推進できるタイミングだと思います。

　また、ここまでお話のあったとおり、現地の法令を調べた上で、業態によってリスクをどう取れるか取れないかの判断が異なると思います。そこは各社、分析・評価をして進められるのがよいように思います。

佐々木 私は個人的に、リーガルテックを推奨する際に「小さく始めよう運動」というのを展開しています。初めから全社的にやろうというのはなかなかハードルが高いと思うのですね。そこで、ある事業部を区切る、ある契約類型を区切るなどして導入し、実績を作っていくということがスムーズに導入するコツではないかと感じています。先ほど佐野様からお話があったとおり、せっかく導入したものの使われないということは、企業として無駄なコストをかけているという悪い事例です。電子契約も、トライアルとして一部の部門や契約類型から開始し、実績を作ってほかの部門や契約類型に広げていくというやり方が向いているのではないでしょうか。

髙林 当社の場合、IT のガバナンスが強いほうだと思います。また、元々署名文化である海外との取引が多いので、グローバルスタンダードの採用という意識がマネジメントにも強く、その意味でトップからのコントロールが効きやすいのだと思います。日本国内の契約が多い企業では、なかなか全社的にというのは難しいので、佐々木さんがおっしゃるように小さな成功事例から展開していくというのがよいかもしれませんね。

佐々木 契約類型として、グループ会社間の契約は非常に始めやすいですよね。

髙林 おっしゃるとおりです。各国特有の規制による制約はありつつも、それ以外は親会社の指示で同一ツールを使った電子契約の利用を義務付けることも可能と思いますので、電子契約を習慣化させ社内の文化を変えていくのにも良いと思います。

佐々木 佐野様、グループ会社間契約で電子契約は多く活用されているのでしょうか。

佐野 私どもの大口のお客様も、やはり当初はリスクが少ないグループ会社間での契約で導入されるケースが多いです。実際の取引先との契約となると、やはり電子契約の利用について事前の交渉が必要となりますし、その交渉においては、現実として当事者間のパ

ワーバランスも少なからず影響してくることがあるかと思います。

　やはり基本は小規模での導入（スモールスタート）で、グループ会社間での契約で経験を積み、顕在化したメリットや潜在的リスクを精査し、取引先との契約についてどこまでなら導入できるという判断を、企業全体としてされるのがよいかと思います。

7　電子契約の今後

佐々木　時間も押してきましたので、最後のセッションとして、電子契約の今後について皆さんのご見解をお伺いし、この座談会のまとめに代えたいと思っています。

　私自身は、捺印・署名という伝統的なテクノロジーが、IT化が進んだ現代において電子化されるということは、まさにもっともといいますか、必然的にそうなると思っています。この流れの中で、近い将来、相当な数の契約が電子化されていくのではないかという展望を持っています。政府の動きも注目されますが、ここ数年のうちに電子化の大きな波が契約書の世界にも来る、そのような印象を持っています。

久保　物理的な署名や捺印が最も安全という価値観がいままで日本にあったと思うのですが、それが今後変わっていく可能性が高いと思っております。それは、今般のコロナ禍による在宅勤務の広がりが背景にあると思いますが、このことは私が専門とするアジアにおいても同じように当てはまることだと思います。今日のお話の中では、アジアの裁判や、本人の否認のリスクといった論点もありましたが、同時に、アジアにおいてはデジタルトランスフォーメーション（DX）化が一気に進んでいくということも1つの側面としてあると考えております。今日一緒にお話をいただきました中国だけではなくて、東南アジアや、南アジア、インドのような国でも急速にデジタル化が進む中で、契約書も電子契約に置き換わるということ

が近い将来起きるのではないかと思っております。そういったとき
に、日本だけがいつまでも物理的な署名や捺印が最も安全だという
価値観にしがみついていると、世界の中でまたガラパゴス化してし
まうのではないかということを懸念しております。

　新しいテクノロジーの採用にはもちろんリスクを伴います。しか
し、印鑑であっても偽造のリスクがあって完全に安全ではありませ
ん。また、デジタルの分野では、リスクをプロテクトするようなタ
イプのテクノロジーも開発されますし、デジタルにはデジタルの保
護の強みがあります。技術が進化していく中で、法務、リーガルの
立場としても、旧い常識に立ち止まるのではなく、新しいテクノロ
ジーを積極的に導入していくという発想やスタンスが重要ではない
かと思っております。

木下　私も、電子化の流れは止められないと思っております。コロ
ナ禍の下では私どももクライアント企業様と直接お会いできないこ
とも多く、クライアント企業様からも、会ったことがない会社様と
取引をするというご相談をいただくことがあります。それは日本企
業間の国内取引か、クロスボーダーの取引かを問わず、増える一方
になるだろうと思います。その意味で、実際に誰と契約をしている
のか、そもそも取引の相手方が実在するのかどうかといったところ
を実際の目で確認できないような契約を今後進めていかなければい
けない時代になります。それを見分けるのに、印鑑というのは1
つの手段だったと思います。直接お会いして印鑑証明書を提出して
いただければ、相手方の実在と意思確認について一定の信頼を確
保できました。それが事実上できなくなる、調べられなくなる中で、
どのように相手方を、その意図を確かめて取引を進めるかなど、署
名だけではない様々な面で気を遣わなければならない時代が目の前
に来ているのではないかと思います。

　電子契約の問題は、これらを考えていく上での良い入口ではない
かと感じますので、その意味でもここを一生懸命しっかりと考えて

次に進んでいくというのは、社会がデジタル化する中の良い契機ではないかと考えております。

　ちなみに、以前はきれいな袋綴じや赤い判子や青いインクでのサインが並ぶ様子を見て美しい契約書だなと思うこともありましたが、今後はそれがなくなってしまうのかと思うと少し寂しい気持ちもあります。今後電子契約の世界でも徐々に美しい電子契約というものが出てこないかと期待しているところです。

孫　電子契約に関してはこれからますます導入が進み、裁判のコスト、裁判における当事者の立証の責任も軽減できるのではないかと考えております。実際に、中国ではいくつかの都市でパイロット的にインターネット裁判所が設けられています。インターネット裁判所では、立件や案件の審理、立証等は原則としてすべてオンラインで行われます。最近、中国ローカル系の電子契約の大手提供事業者3社のうちの1つである法大大という企業が、自分のプラットフォームは地域のインターネット裁判所のシステムと連携できるようになったと発表しました。詳細はまだはっきり分かっておりませんが、裁判所が法大大のシステムにアクセスし、証拠となる電子契約等をそのまま取り調べることができるようになったとされています。とすれば、自分が証拠として提出した契約は本物かどうか、改ざんはないかどうかということを当事者が証明する必要もなくなったと言えますし、従来では電子メール等の内容を証明するために、公証処に行って費用を払って公証を受けなければならなかったところを、今後もしこのような電子契約の提供事業者と裁判所の間の提携が進めば、当事者にとって裁判をするときの立証の責任や、証拠の保管、提出に関する手間を大きく省くことができ、司法、裁判のコストも下がるのではないかと期待されております。

佐々木　インターネット裁判所の話は、今日初めて聞きました。そういう取組みがあるのですね。

孫　今、杭州、北京と広州では、インターネット裁判所が設立され、